足球智商

〔美〕丹·布兰克◎著　黄万武◎译

SOCCER
IQ

北京科学技术出版社

著作权合同登记号　图字：01-2015-3893，01-2015-3894

图书在版编目（CIP）数据

足球智商 /（美）丹·布兰克著；黄万武译. —北京：北京科学技术出版社，2017.3（2025.3 重印）

ISBN 978-7-5304-8630-6

Ⅰ . ①足… Ⅱ . ①丹… ②黄… Ⅲ . ①足球运动—研究 Ⅳ . ① G843

中国版本图书馆 CIP 数据核字（2016）第 304127 号

策划编辑： 刘　超
责任编辑： 刘　超
图文制作： 天露霖文化
责任印制： 张　良
出 版 人： 曾庆宇
出版发行： 北京科学技术出版社
社　　址： 北京西直门南大街 16 号
邮政编码： 100035
电　　话： 0086-10-66135495（总编室）
　　　　　0086-10-66113227（发行部）
网　　址： www.bkydw.cn
印　　刷： 保定市中画美凯印刷有限公司
开　　本： 880 mm × 1230 mm　1/32
字　　数： 102 千
印　　张： 8.125
版　　次： 2017 年 3 月第 1 版
印　　次： 2025 年 3 月第 9 次印刷
ISBN 978-7-5304-8630-6

定　　价： 59.00 元

他 序

2009 年初，我还在担任密西西比大学足球队的主教练，我的首席助理教练刚刚离开，很多优秀的候选者都对这个职位感兴趣。那个时候，丹·布兰克（Dan Blank）是我团队中的一名志愿者，而我当时不得不决定是否把他提升为首席助理教练，因为阿肯色州一所同样隶属于东南联盟的大学正邀请他去做主教练。当我对领队们说要提拔一名志愿者助理担任首席助理教练时，他们因为对丹缺乏真正的了解而心存疑虑。正是在讨论的过程中，我拿定了主意！我对领队们说："好吧，我可以告诉你们，我肯定不会让阿肯色州把他抢走的，否则就真是见鬼了！"就这样，丹成了我在密西西比大学执教时的首席助理教练。

在我执教于密西西比大学的长达 15 年的职业生涯中，2009 赛季是我最愉快、最难忘和最成功的赛季之一，而丹是对那次成功贡献良多的人。丹主管球队的防守。我给予他完全的自主权，让他以任何他认为合适的方式来组织我们的防守。只不过，为了给丹的工作增加一点儿困难，我把球队中的一名全美全明星中后卫从防线上撤下，并把他改造成中场核心之一。

那一年，我们安排了两名大一新生、一名大二学生和一名大四学生担任后防线的首发球员。同时，我们让一名身高不足 170 厘米的大二学生临时补上门将的空缺，他是那个赛季最矮的守门员。然而，就在那个赛季，我们居然成为东南联盟场均失球数最少的球队！

2010 年 4 月，我转去佐治亚大学担任足球队主教练，并且带上了丹，再一次让他负责防守。佐治亚大学足球队的花名册上有一名叫劳拉·埃迪（Laura Eddy）的球员，他是球队的中后卫，也是那一年东南联盟的最佳新人。就像在密西西比大学那样，我一开始就把我们的最佳防守球员埃迪改造为中场球员，给我们的防线中间留下一个大漏洞。但是不要紧，因为有丹在。

就在那一年，佐治亚大学队成为联盟中场均失球数最少的球队。而我并不认为那是一次巧合，因为在美国东南联盟的历史上，在丹之前，还没有哪个教练能够连续两年带领不同的大学球队获得"最佳防守球队"的称号。我认为佐治亚大学队能够夺得联盟"最佳防守球队"称号是因为我们有全联盟受过最佳指导的防守球员。毫无疑问，这归功于我那精通业务的助理教练——丹！

这本书无论在内容上还是在语言的简洁性上都堪称完美。每当我拿起它阅读的时候，总有一个想法不停地在我脑海里闪现："为什么之前没有人这样做？为什么从没有人把这些记录下来？"

有太多的球员在进入大学球队时缺乏最基本的足球智慧——这正是这本书要给予你的：不光要成为一名运动员、一个足球天才，更要成为一个有思想的人！你可以把这本书中所提到的策略随即应用到球场上，使自己立刻变身为一名更出色的球员！

你已经选择了有史以来最实用的足球工具书。阅读愉快！

佐治亚大学足球队主教练

史蒂夫·赫尔曼（Steve Holeman）

自序一

你知道吗？1960 年约翰·肯尼迪（John F. Kennedy）和理查德·尼克松（Richard Nixon）之间的总统大选，其结果在很大程度上是由一些汗珠决定的。这两位候选人参加了美国第一次全国电视转播的总统竞选辩论，而辩论的"奖金"也是史无前例地高。因为数以千万的美国人将坐在电视机前决定谁是他们心目中的国家最佳领导人，所以辩论的赢家极有可能在总统大选中胜出。

获悉尼克松有容易出汗的毛病后，肯尼迪团队的成员在辩论开始的几小时前就调高了电视演播室的温控器。当候选人到达时，演播室里又热又不通风，让人浑身不自在。闷热的演播室让尼克松很不适应，他满头大汗，给人一种紧张而慌乱的感觉，完全没有总统应有的气质，而肯尼迪看起来镇定自若，仿佛完全有资格领导一个国家。那场辩论的标志性画面就是尼克松不停地用手帕擦拭脸上的汗水。

肯尼迪取得了那场辩论的压倒性胜利。辩论的成功转化成投票站的选票，使他成为第 35 任美国总统，成为世界上最有权力的男人。而这一切都是因为有人巧妙地调高了温控器。

要想让这本书发挥作用，你就必须相信：细节至关重要，一个小小的细节就足以决定比赛的胜负。

这本书不是讲足球技巧的。我只是假设，当你有兴趣购买这本书的时候，你的技术应该已经很棒了（或者你是一名足球教练）。这本书是关于如何针对比赛过程中出现的诸多状况做出决定的——这些瞬间做出的决定让教练看在眼里，喜在心上，并称赞道："嗯，那个孩子很聪明。"

书中将提到的这些知识点没有特定的顺序，因为它们都很重要，并且其中任何一个都有可能使你的团队更接近胜利。

我已经在大学足球队执教20余年了。我惊讶于如此众多的球员虽升入了大学水平的联赛却没有掌握这些基本的知识。这些知识很简单，看上去只不过是一些常识。但是请相信我，能掌握它们并且坚持把它们运用到比赛中的球员绝对不是泛泛之辈。

大多数情况下，这本书被认为是关于足球的有用信息的集合。每一条信息的价值都大到足以帮助你赢得一场比赛，甚至是赢得全国冠军——你在接下来的阅读中会发现这一点。但从概念上讲，它们都是非常基础的，它们中的大多数都不能单独构成一堂训练课的基础内容，甚至不能成为一堂训练课的某个单独的环节，因为它们太基础了。由于它们主要是一些细碎的想法，教练只能给他们的球员口头讲解，然后希望在球场上时机到来的那一刻，球员能够想起来并加以运用。

我开始记下这些对踢足球有用的信息，希望有一天能把它们以"每日提示"的形式传授给我的球队成员们——每天一次，贯穿整个赛季。我花费了10年时间去实现这个想法，但实际上未能坚持下来。于是我决定把它们写进一本通俗易懂的书里，也许这个想法更容易实现。于是，有了这本书。

自序二

"我是不是忘了什么？我是不是忘了什么？"

当我在慎重考虑是否要按下按键，确认把"足球智商"的 Word 文档变成《足球智商》正式出版时，这个折磨人的问题就一直萦绕在我的脑海中。我的右手紧紧握住鼠标，食指轻放在左键上，眼睛直直地盯着屏幕，10 分钟、15 分钟、20 分钟……这对我而言是很大的一步——真的特别大——我可不想出错。它是我的第一本书，我想把它写得尽可能地完美。现在，已经到了我该做出一个没有退路的决定的时候，而我拼命避免发生的事情就是在仅仅一天之后发现我在书中漏掉了一个很重要的概念。那对我来讲就是灾难。

果然，不到一天——离一天还差很远——我所担心的事情就发生了。就在《足球智商》被送去印刷的 15 分钟后，我意识到自己漏写了精彩的一章——我以前没想到的、现在想到却太晚了的一章。我把它写了下来，并标注为我可能会写的《足球智商》第二卷的第一个主题。这一章叫作"B 计划"，你将在接下来的几页中读到它。

之后，每过一周，我都会想到一个本应该出现在《足球智商》里的新主题。终于，我整理出了足以用来出版《足球智商》第二卷的内容，于是就有了你正在读的这本书[1]。

如果你正在读这本书，那么很有可能你已经读过《足球智商》第一卷了。非常感谢你的阅读！感谢你让它成为亚马逊网站上最畅销的足球类图书！我确信新泽西默瑟县的很多优秀高中英语教师得知这个消息后会当场"吐血"，因为他们都知道，我的英语真是体育老师教的。

---

1. 中文版将第一卷和第二卷合并出版，此序为英文版第二卷序。——编者注

我向自己保证过，除非整理出了足够多的高质量的内容，否则我绝不会出《足球智商》第二卷。我从未打算拼凑一些废话写成书，然后盼望第二卷借第一卷的余热大卖并且赚钱。相反，如果我打算出续集，那么一定会做到问心无愧。我曾问过自己一个问题：如果第一卷不存在，这本书能否仅凭其内容成为一本好书？

　　我相信它能。

　　我希望你读了以后会认同我对这本书的看法，也希望你会觉得它物超所值。

　　我在第一卷的序言中所说的话在此同样适用：要想让这本书发挥作用，你就必须相信：细节至关重要，一个小小的细节就足以决定比赛的胜负。

译者序

踢足球可以说是我唯一的业余爱好，在过去的 30 年里，它从来没有离开过我的生活。我平时每周至少踢两场球，寒暑假几乎每天下午都会在球场上。在繁忙工作的间隙，踢足球便是我放松和减压的唯一方式。一群老伙计在足球场上尽情释放，踢完后坐在球场边总结当天的得失，互相表扬，互相批评，互相斗嘴，然后在暮色中带着尽兴后的疲惫各自回家。足球人的生活就是如此简单、惬意。

因此，当接到刘超编辑的邀请来翻译《足球智商》这本书的时候，我丝毫没有推辞，甚至很期待，感觉它就应该由我来翻译。这源自我对足球的热爱，同时也希望这本书能够成为自己几十年足球生涯的一个里程碑式的标记。

《足球智商》这本书被美国国家足球教练协会（NSCAA）的官方杂志评为亚马逊网站足球类图书"年度五佳"，之后它的排名更是飙升至亚马逊足球类图书第一名，甚至排在了阿根廷球星莱昂内尔·梅西（Lionel Messi）和美国女足名星米娅·哈姆（Mia Hamm）的自传之前。

作者有 20 多年的专业球队执教经验，他把自己在执教生涯中所遇到的足球运动员经常会犯的错误记录下来，并通过生动详细的讲解告诉读者为什么这样做是错误的，更好的做法是什么。这对已经有了一定基础的职业球员或者业余球员来说都是非常有帮助的。另外，我本人特别喜欢的是，各章节还提供了专门指导教练训练球员的建议，这些建议非常具体，训练方法也特别有用，对不同水平的教练都非常有帮助。

需要特别指出的是，中文版《足球智商》囊括了英文版第一卷和第二卷的内容。这对国内的广大读者来说，是额外的福利。

英文版语言比较口语化，贴近生活，通俗易懂，因此我们在翻译的时候也尽量延续它的语言风格，力求达到英文原版的效果。有些地方为了让中文读者更容易理解，并没有死板地按照原文来翻译。比如第 1 章的标题，原文的意思是"圣杯"，但是因为中文读者可能不太明白圣杯的涵义，而该章主要说的是足球运动中速度的重要性，所以我把该章的标题改为"足球制胜，唯快不破"。像这样的翻译在整本书中出现了多次，这样的处理是以奈达（Nida）的"读者反应论"和"翻译目的论"为理论基础的，并非胡乱翻译。

经过一个多月的奋战，这本书的翻译工作终于结束了。首先要感谢北京科学技术出版社以及刘超编辑给我翻译这本书的机会，这种感激之情随着翻译工作的进展越来越强烈；其次要感谢湖北工业大学青年教工足球队的全体队友，特别是徐宣、魏斌和熊熠三位教练，他们都给本书的翻译提出了很多意见；我还要感谢我的两位学生，湖北工业大学外国语学院 2014 级的陈逸菲和叶岚，她们帮我做了很多前期的工作；还要感谢我的家人，特别是我在读高一的女儿黄子意，她帮我做了很多校对的工作。最后我要感谢我们能生活在这样一个和平与发展的时代，这个时代让大家都能尽情地享受生活。

湖北工业大学外国语学院

黄万武

2016 年 8 月 26 日

目录

1

足球制胜，唯快不破

我们就从头说起吧。速度快，就是足球制胜的法宝。理解这一点是成为一名聪明球员最重要的先决条件。不要问为什么，快总比慢好，这就是理由。你的任务就是完成你已经能够完成的工作并把它们做得更快一些。

从本质上讲，快总比慢好。如果你能接受这个观点，那么你离成功不远了；如果你能让球队所有的球员都接受这个观点，那么你们将赢得很多比赛的胜利。

其他条件都相同时，如果我可以通过一次触球把球从 A 点传至 B 点，那么这就比通过两次触球完成传递好得多。为什么？因为一次触球比两次触球的推进速度更快，而快比慢好。是的，我知道也有例外，可是人们总是把例外当作规则去执行。让我为你提供一些美妙的建议吧。

· 如果一次触球可以完成任务，就不要两次触球。

· 如果两次触球可以完成任务，就不要三次触球。

触球次数越多，你完成任务的速度就越慢。一名聪明的球员面临的挑战是通过尽可能少的触球最高效地完成随时可能出现的任务。如果有一台时光机让你回到上一场比赛，你能通过更少次数的触球完成你在那场比赛期间所完成的全部任务吗？这会要求你更快地思考；要求你在球到来之前就做出决定；要求你能展现更细腻的足球技术来执行这个决定。总之，这需要你做到一名更优秀的球员要做的事情。

很多球员都不明白将球快速移动的内在价值。他们在比赛中不是用简单快速的传球来加快推进的速度，而是追求快速的传球节奏，简单快速的传球只是他们在评估和用尽了其他方式之后的选择。每当球来到脚下的时候，他们往往认为自己有责任为球队的得分做出贡献，所以每次得球之后，他们都努力寻找一条能够送出致命传球的线路，试图在那一刻马上赢得比赛。可是，因为给对手致命一击的时机并不总能适时出现，所以他们在处理球的时候总是很犹豫，从而拖累了整个球队的进攻速度，并最终导致球队"有条不紊"地"慢死"。

慢是踢球者的敌人；慢让你的对手可以从容组织防守；慢导致失误；慢会让你输掉比赛。

没有必要让每一次传球都成为送出致命一击的传球，没有必要让你的每次触球都直接得分。有时候，你只需要把球传给你的队友，这就足够了。快速传球肯定比慢速传球好得多。

你看过巴塞罗那足球俱乐部的比赛吗？巴塞罗那的球员永远都不会在每次触球时都试图送出致命的一传或一击，即使头号得分手莱昂内尔·梅西也是如此。巴萨的球员对控球是如此有耐心，以至于有时他们看上去都忘掉了球场上有球门的存在，似乎只是为了传球而传球。他们通过控球碾压对手的赢球方式被戏称为"千次传球致死"。但即使有着眼大局的耐心，他们也会通过最少次数的触球非常快速地完成传接球。因此，虽然球队整体上看起来十分缓慢或不慌不忙，但是其局部的即时移动速度却快得惊人。他们令人惊叹地使耐心与速度和谐共存。由于巴塞罗那的球员已经深谙速度的真谛，每个球员都能理解快速移动足球的意义，并且都知道就算球来到脚下的时候自己还没有对策，即将接受他传球的那个队友有可能有。在巴塞罗那，球员的速度意识是一种文化。

作为一个球员，你理应了解足球场上的速度等级：

最慢——球员在运球时横向盘带并做假动作；

慢——球员以最快的速度带球径直向前奔跑；

较快——球员做无球跑动；

最快——足球移动。

在足球场上，没有人比一个移动的足球更快。没有！就算是奔跑速度最快的球员也不能像踢出的足球那样瞬间到达 10 米之外，你同样不能做到。这时你需要做出选择：是选择不必要的过多触球，最终除了得到一点儿沉溺于自我表演的满足感外一事无成，还是选择获得胜利？如果你想把球移动到 20 米之外，传球无疑比带球过去快得多。请牢记：快比慢好！

再补充一个很有价值的建议：要想打快攻，你必须首先想着加快速度。你必须在比赛开始前就做好这样的决定；你必须有意识地决定加快速度；你必须有意识地限制自己的触球次数。快攻并不是偶然发生的事件，只有在你下定决心促成它发生时，它才会真的发生。

快速踢球不仅仅是一种习惯，更是一种生活方式。"没有什么比速度更重要"，你只有接受并真正领悟了这个概念，才能把它运用得得心应手。快总比慢好，速度快就是赢得比赛的关键，而聪明的球员总是优先考虑速度。

在第 8 章中，你将看到我最喜欢的控球游戏之一，它名为"31 训练"。就帮助球员领悟什么时候需要一次触球、什么时候需要控球而言，这是一个非常好的练习。

给教练的建议

当我们把"一次触球限制"运用到训练中后，球队发挥出的水平是相当惊人的。当球员以惊人的速度围绕足球运动时，那一幕令人心旷神怡。而教练面临的挑战则是如何指导球员把训练中表现出的速度运用到没有触球限制的比赛当中。如果在这两种环境中球员的表现有显著差异的话，那就是你的球员还没有从自身的角度完全领悟"快速"在比赛中的重要性。你必须说服你的球员，让他们时刻想着快速推进。

2

停好球再做动作

"停好球再做动作"的意思是把来球好好停在自己身边，然后从这个位置进行传球或者射门。不可能有什么比这更简单了，对吗？

如果一名球员在中场面对对方球门接到了球，这时离他最近的对手在他正前方 12 米远的地方，那么，这名进攻球员就拥有了 12 米的缓冲距离，他可以利用这段缓冲距离迅速抬头，并寻找最好的传球机会。把来球停在自己身边不远处对他来说最大的意义在于，他面前的防守球员为了破坏他的持球将不得不从 12 米远的地方一寸一寸地冲过来对他进行逼抢。

可是，如果进攻球员并没有把球停在身边，他的第一次触球发生在距其启动位置 4 米远的前方某处，而与此同时，对方防守队员也从自己的位置向球靠近，并向前冲了 5 米的距离，那么 12 米的缓冲距离现在减少到了 3 米，并将在随后的半秒内完全消失。接下来，你会听到双方球员对脚时的碰撞声和球胡乱反弹的声音，最终的结果是球被对方球员控制。

我惊讶地发现，如此众多的球员在踢足球时就像美国橄榄球联盟（National Football League，简称 NFL）中的跑卫一样，接球之后就带球向前飞奔，直到被对方抱住并扑倒。我永远都不能理解的是，一名进攻球员会主动地放弃他与防守球员之间的缓冲距离。缓冲距离可以为你争取时间，而这段时间能让你在最小的压力下做出正确的决策并完成技术动作。为什么你要心甘情愿地放弃它呢？

当你面对对手跑一段很长的距离去完成第一次触球的时候，你已经为你的对手完成了一半本属于他的工作！让球靠近他不是你该做的工作。相反，从 12 米远的地方冲过来对你进行逼抢应该是他的任务。所以，不要再为对手做嫁衣了！不要方便了他而麻烦了自己！

如果你把来球停在自己身边，你就使自己处于一个有利的位置，可以随时向前进攻。这就给了向你靠近的防守球员一个新难题，因为他现在首先要考虑的不是如何从你的脚下把球抢走，而是要阻断你向前的传球。他现在必须全神贯注地准备好向左或者向右移动来封堵你的传球线路，而非想着向你扑来。实际上，当你调整好身体姿势准备把球向前传的时候，你已经成功地把面前的防守球员冻结在了原地，成功地保持了你和他之间的缓冲距离。这很好。

让我更加困惑的是，很多球员甚至经常会在把球完全控制好之前费力地冲过那段缓冲距离。每次观看俱乐部比赛时我都会看到很多球员在跑动中接球，而球会因为碰到他们的膝盖、小腿、大腿或肚子而弹开。在你甚至还没有把球控制在脚下的时候，你这样做到底想要达到什么目的呢？为了你的球队，请深呼吸，然后把球控制在脚下！重要的事情先办，对吗？相信我，你最好在为了引人注目而准备开始狂奔 60 米之前踩刹车，停下来，把球稳稳地控制在脚下。

当我向队员们解释"停好球再做动作"这个概念的时候，我会让他们看一场英超联赛的录像。用哪一场比赛的录像并不重要，每一场都可以印证这个观点，因为每一个英超球队都有很聪明的球员，他们深知不要把自己置于对方破坏性的逼抢之下。在职业联赛中，特别是在本方的防守半场或者球场中间的区域，球员们会习惯性地把来球稳稳停在身边。他们的下一次触球通常是在毫无压力的情况下把球传给队友。

我建议你去看半场英超联赛，数一数双方"停好球再做动作"的次数（一脚出球式的传球也算在内）。然后看半场你们自己的比赛，数一数你们这样处理球的次数。通过对比你会发现，你们的球队总是轻易地丢球，你也会发现青年队的比赛中很少出现连续三脚以上的成功传球。那是因为，这些球员还没有领悟这个简单至极的概念。如果你不断地把自己置于对手的逼抢之下，那就永远不要指望你的队友能够把球控制在自己脚下。

学会停好球再做动作，这样你能完成更多成功的传球，而你的球队也能拥有更长的控球时间。

给教练的建议

　　如果你已经理解了这个概念，那也应该让你的球员理解，这将为提升你的球队的控球能力带来立竿见影的效果。我建议你解释概念时用前面提到的观看录像的方式。把你的队员分成两组，让两组队员共同看半场英超联赛。再给每个组分派一支英超球队，让他们分别把本组分派的英超球队"停好球再做动作"的次数填入表格中。如果你想把这个概念讲得更透彻，可以在分析完英超联赛时，看一场你们自己的比赛录像，同样记录下你们"停好球再做动作"的次数。将两组数据进行对比，我保证对比得出的惊人差距会使你的球员的心灵感受到巨大的触动。

3

不可能的传球

我的球员在场上的交流从未让我满意过。如果我能够成功地让所有的球员在比赛时慷慨地交流有用的信息，那么我们球队的水平将上升到一个全新的高度，但是这不是本章的主题。本章要讲的不仅仅关于场上该说什么，还关于不应该说什么，以及不应该在什么时候这样说。

善于交流的聪明球员总能告诉队友如何处理球是最好的。他们总能为队友提供简单明了的信息，帮助队友解决遇到的问题。他们就像象棋大师通过移动一颗颗棋子来精心策划进攻一样，让足球被一名队友传递到另一名队友那里。这就是聪明的球员应该做的事情。

大多数球员只会看着正在控球的队员，然后大声喊她的名字："珍妮！珍妮！珍妮！"

可怜的珍妮站在中场，拼尽全力地躲避两名咄咄逼人的对手，而她得到的唯一帮助就是 10 名队友从 10 个不同的方向呼喊着她的名字。听着——珍妮知道自己叫什么，她需要的是可以帮助她脱离目前这个困境的有用信息。珍妮需要一名队友对她说类似于"把球传给丹尼尔"这样的话，这才是她真正可以派上用场的信息。然而，她听到的只是"珍妮！珍妮！珍妮！"。

大多数球员的交流习惯很差，原因大都是他们的交流不充分或者他们不会交流。任何只会将喊控球队员名字作为唯一交流方式的球员都不是聪明的球员。

球员们在交流上犯的这些错误启发了我，让我创造了"不可能的传球"这个术语。

珍妮又一次控球了。这一次，她被一名专门负责盯防她的对手死死地压制在边线附近。球就在珍妮和边线之间，而珍妮被卡在对手和球之间。20 米开外，站在防守珍妮的那个对手另一边的你在那里呼喊着"珍妮！珍妮！珍妮！"。

你站在 20 米开外，向处在巨大压力下的甚至背对着你的队友喊叫着传球给你。而此时，除非她能让球神奇般地穿过自己的身体，然后穿过对方防守球员的身体，再越过 20 米的距离，否则球绝对不可能到达你迫不及待的脚下。

所以我要问你：你要让她如何去创造这个奇迹？

听着，不管你身前的空当有多大，也不管你在接球后进球的可能性有多大，这些都无关紧要，因为珍妮不可能在这种情况下把球传给你，明白吗？你在奢望一个不可能的传球！你的喊叫唯一的"用处"就是干扰珍妮接收其他队员试图向她传递的有用信息。

我理解你想得到球的心情。但请在思考问题时运用一些常识。如果你能给珍妮提供一些帮她解决眼前问题的信息，你的球队就能发挥得更出色。也许你提供的有用信息会让珍妮把球传到另一名队友那里，稍后她会把球传给你，然后你会把球踢进球门。那样不是更有意义么？

当你跟队友交流的时候，语意要清晰，尽量使用简洁的词、短语或句子。跟控球队员交流时，要当作他被蒙上了眼睛，他的一切行动完全由你来决定。你在喊珍妮名字的时候，她不会知道你的想法，但是当你喊"当心身后！""注意时间！"或者"转身！"时，她就会清楚地理解你的意思。当她要把球长传转移的时候，如果你向她喊"近侧！"，她就会明白你希望把球传到靠近门柱的位置。这些话可以为珍妮提供帮她解决问题的信息，而喊她的名字是不会有任何效果的。

总之，不要说蠢话，也不要要求不可能的传球，因为球是传不过来的。

给教练的建议

在每一次练习中都要要求你的球员进行有效的交流。当球员能够传达和接收有效信息时，你会惊讶地发现踢足球是多么简单。

4

传球线路和换位思考

  关于传球线路，有一点很重要：能够迅速且始终如一地判断合适的传球线路并不能让你成为一名伟大的球员，但如果你不能迅速且始终如一地判断合适的传球线路，那你永远也不能成为一名伟大的球员。

  传球线路是指球在不被拦截或没有发生偏转的情况下顺利通过的位于球员（通常是对方球员）之间的或球员与边线之间的一条缝隙。球员接球后场上总会出现这样一条缝隙（除非他被团团围住）。想得到传球的队友必须处在某条这样的缝隙中才能成功地接球。因为足球运动是一种动态游戏，所以这些缝隙也在不断地移动和变化——出现、消失、再出现。聪明的球员可以在纷乱的人群中捕捉到他与球之间的动态缝隙，从中确定控球的队友能把球传给自己的最佳线路，并且设法成功地跑到某条这样的线路上接应队友的传球（这是最重要的一点）。

  说到在球场上我们最看重什么，毫无疑问，没有什么比速度更重要。比对手更快速地移动球的能力能让对手疲于奔命、来不及组织防守，运用这种能力是打垮对手的最佳方式。球能否快速运转取决于接到球的球员能否快速做出判断，球员能否快速做出判断取决于当球到达他脚下时他是否有合理出球的可行的选择，而这些选择是否存在又完全取决于他的队友们迅速确定可行的传球线路并及时跑动到位的能力。

  我们总是希望我们的球员能够一脚出球完成传递。如果队友不能给控球球员提供可行的传球选择（尤其是在他面对的方向），那么他是不可能做到一脚出球的。但哪怕只有一名队友能够成功地跑到那个方向的任何一条合理的传球线路上，他就能通过一次触球完成接球和传球。没有比一脚出球更快的传球方式了。

  听起来很简单，对吗？理论上的确如此。但是观察任何一场控球训练，你都会发现无数个这样的例子：那些本该努力跑到合适的传球线路上接应控球球员的球员死死地站在传球的死角（图 4.1），就像被锚定住了一样。因此，你会见到无数个绝对不该丢的球被弄丢了的例子。

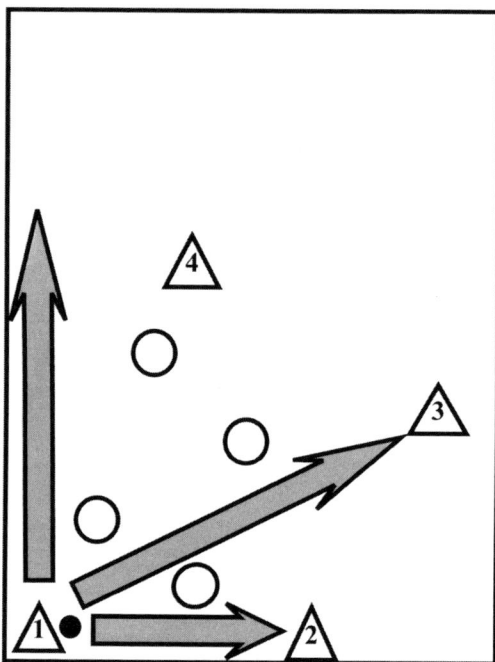

图 4.1　控球的进攻球员有 3 条可行的传球线路。2 号位和 3 号位进攻球员已经处在其中的两条线路上了，但 4 号位进攻球员被挡在了两名防守队员身后的死角位置

　　找到一条传球缝隙应该很容易。这只需要一种品质——换位思考。你需要站在即将接球的队友的角度去思考，问问自己："如果我是他，如果我想完成一脚出球式传球，我会希望我的队友出现在哪里？"当然，你不会希望他隐藏在对手身后，而会希望他出现在位于对方球员之间的、延伸的缝隙处来接应你的传球。确定那条缝隙只是第一步。

　　第二步就是切实移动你的双脚跑到那条缝隙中的某个位置。现在你唯一需要问自己的是，你是否真的想接球。如果你躲在一名对方球员身后的话，你是得不到球的。球无法穿过对手，但它肯定可以穿过那条缝隙。

如果你想接球，就要进入那条缝隙中，让你的队友可以轻松地完成任务。

给教练的建议

　　每当球员的传球线路不那么完美时，都要停止控球训练。你必须让球员在确定传球线路方面日复一日地锤炼，因为即使一名球员知道应该跑到哪里接应传球，也并不意味着他会出现在那里。你必须把主动跑动接球的观念灌输到他们的脑子里去。

5

用合适的脚接球

一旦你已经确定并跑到了合适的接球线路上，接下来要做的就是再做一点点小小的、额外的努力：确保球是向着自己合适的那只脚飞来的。一般来说，远离对方防守球员的那只脚被认为是"合适"的脚，因为防守球员时刻都在对你的接球线路施加干扰。

随着你的足球水平更上一层楼，仅仅跑到合适的接球线路上是不够的，你必须明白要用哪只脚来接球。你必须在球到达身边之前做出决定，这些决定会告诉你用哪只脚接球更为合适。

当你决定要用哪只脚接球的时候，你必须问自己以下几个问题。

哪只脚接球能帮助我摆脱对方防守球员施加的压力？

哪只脚接球有助于我持球推进？

哪只脚接球能为我接下来的传球做好准备？

无论如何，都不要一接球就把自己陷于被动状态。做好准备接球，然后迅速调整身体挡住球，把球停在远离对方防守球员的一侧。

不管用哪只脚接球，你都要记住，没有必要把球停住再传出去。没有哪条规定要求你每次都要把传给你的球停下来。做好准备，并通过一次触球同时完成接球和传球，因为很多时候这是你唯一能做的事情。如果你没有足够的时间和空间，就不要尝试去停球了。调整一下，一脚出球。

拥有做出这些调整的能力也就意味着你的球队与胜利只有一线之隔了。

给教练的建议

　　用不合适的脚接球的球员要么不知道自己做错了，要么是犯懒。唯一能使其养成好习惯的办法就是，在训练时力臻完美。细节决定成败。

6

向着队友合适的那只脚传球

在第 5 章中，你是希望接球的那名球员。现在你是控球球员，你的下一步是把球传给队友。

再次强调，你必须铭记速度的重要性。你必须用传球带动你的队友，让他也加快推进，或者至少为他提供一个能在控球后进攻的机会。要达到这个目的就意味着你必须把球传到他合适的那只脚附近。

足球运动充满了看似微小却又很重要的事，而把球传到队友合适的那只脚附近就是其中之一。令人感到震惊的是，许多本来可以堪称伟大的进攻不是被对手破坏掉了，而往往是因为我们自己的队员把球传到了队友不合适的那只脚上而被扼杀了。请看下面的例子。

我们的中场球员调整进攻方向，向右翼带球，靠近我们的右边锋，准备面对对手的左后卫形成二打一的局面（图 6.1）。这名中场球员的任务就是把对方的左后卫调动出来，然后把球经他身侧传给站在边线附近的我们的右边锋。中场球员严格执行了教练的战术，先把对方的左后卫调动出来，然后使球越过他传到本方右边锋的脚下。如果球被传到右边锋的右脚，右边锋就可以在接球的同时发动爆发式地进攻，沿着边线向前突破，甩开对方的防守队员。不幸的是，球传到了这名右边锋的左脚。现在他不得不后退半步去接球，而在他通过二次触球将球调整到右脚之前，对方的防守队员已经回位。我们的右边锋也被迫带球回撤，以确保对球的控制。本来势在必得的一次进攻就这样被迫停止了，我们不得不重新组织进攻。

50 厘米的差距，就是我们在这里要讨论的。上述的传球线路只比理想的传球线路短了 50 厘米，然而就是这 50 厘米扼杀了一次堪称完美的、能破门得分的机会。这是小事情，是吗？

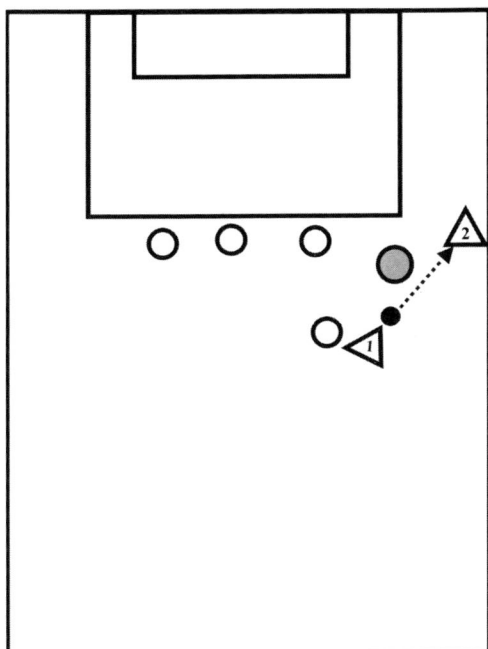

图 6.1 如果进攻球员吸引了对方的外线防守队员（着色圆圈），并且把球传到了右边锋的右脚，那么右边锋就可以在防守队员的身后完成第一次触球，并带球向前把他甩在身后；如果球传到了他的左脚，那么他就不能在第一次触球的同时完成进攻并突破对方的防线。点线箭头表示传球线路

当你控球的时候，你必须与要接球的队员换位思考，为他提供最好的机会帮助他去争取成功。但这个明显的道理有时候却不能套用。如果你的队友身后有迫近他的对方防守球员，你把球传到他的左脚，他就可以护住球，防止对手抢到球。但这时如果你坚持把球传到他的右脚，局面就会演变成一场攻守双方控球机会五五开的攻防混战，而你的队友会被对手疯狂的铲球铲倒在地。

最近一次训练课上就有这样一个例子。我们在进行五对五加守门员的训练时，杰基·琼斯（Jackie Jones）接到了球，当时他在点球点背对对方球门。杰基身后有对方球员贴身防守，她感受到了巨大的压力，因此决定把球回传给外围空当处的队友梅根（Meghan）。梅根从 22 码外迎球怒射，结果射偏了。这个时候我暂停了训练，然后我们有了下面的谈话。

> 丹：杰基，你认识梅根有多久了？
> 杰基：3年了。
> 丹：你能告诉我她哪只脚更强吗？
> 杰基：左脚。
> 丹：那你为什么把球传向她的右脚呢？
> 杰基：因为我是一个白痴。

好了，杰基绝不是白痴，但她的传球毫无疑问很愚蠢。梅根是我见过的左脚踢球最好的前锋之一。杰基也清楚这一点，但她并没有投入足够的心思思考传球对队友的意义。对我们这个级别的球队来说，这是不能接受的错误的判断。

为了达到更高的水平，你必须以更高的标准来严格要求自己。仅仅把球传给你的队友是远远不够的。你必须让他处于最有利的位置，而这意味着你需要把球恰到好处地传向他有优势的那只脚。有一个非常简单的方式让你记住这一点：按照自己想要的接球方式传球给队友。可以传出地面球就不要传反弹球；能传到队友脚下就不要传到他的肚子上；如果你的队友擅长用左脚就不要把球传向他的右脚。

关于如何传球我能够再为你提供一个建议：当球从你的脚下传出去，直到它到达你队友的脚下之前，你都需要对它负责，因为，如果球未能到达预定位置，是没有人会责怪接球者的。因此，如果你的队友还没有跑到恰当的传球线路上，那么你不能臆想他已经到了。我见过太多这样的情况：球员强行把球传给还没有跑到合理传球线路上的队友，最终球在瞬间成为对手脚下的猎物。

但是，如果队友提供给你的传球线路差强人意，就不要把球传给他。如果你一定要传球给他的话，就不要瞄准他所在的位置传球，而要把球传到他应该出现的位置。选择一条可行的线路把球传出去，然后让他跑去接球。相信我，这种方法会让你的球队在控球过程中轻松许多。

我曾经辅导过一名中后卫，他常常因为我们的右后卫懒得跑到合理的接球线路上而愤怒。不管我们在训练中演练了多少次，当我们打比赛的时候，右后卫就是不肯跑到合理的接球线路上。他总是站在有高风险的位置要球，而球很容易被对方的前锋拦截。在一场比赛中，我们的中后卫终于受够了他的懒队友。于是，当我们把球从左边转移到右边的时候，这名中后卫故意把球传到右后卫身后 20 米远的位置，迫使他不得不跑回去接球。几场比赛之后，这名右后卫要求中后卫解释为什么总是给他传这么糟糕的球，中后卫回呛他说："你什么时候可以跑到好的接球位置了，我就什么时候给你传好球。"天哪！

给教练的建议

在佐治亚大学，我们逼迫球员把球传向队友合适的那只脚，因为这是踢聪明球的一个至关重要的细节。如果一名球员在一次控球训练中把球传向了队友不合适的那只脚，我们就会立刻让他意识到这一点并加以纠正。在一些训练中我们规定，把球传到队友不合适的脚就意味着本方自动放弃了控球权。

7

传球角度过小时把球挑起来

有些时候你可能需要以一个很小的角度把球传给队友。这时如果你坚持传地面球，防守队员就会很轻松地伸出脚尖把球拦截下来或者破坏掉。在这种情况下，你最好采用挑传的方式，传球的时候把球挑到离地面 30 厘米左右的高度。这样球就会从高过防守队员伸出的脚的线路越过，顺利到达队友脚下。你经常可以看到高水平的球员运用这个技术。

给教练的建议

　　你跟你的球员会有一个很好的机会讨论这种传球技巧，那就是在进行三对一的控球训练时，因为在这种训练中球员经常会发现自己不得不在角度很小的情况下将球传出。

8

"三步"原则

当你的球队控球时，你要么是那名控球的球员，要么是另外10名正在通过跑位、准备接球来帮助他的球员中的一名。你会（实际上也应该）在控球球员、跑位球员和接球队员的角色之间频繁地转换，转换回之前那个角色可能只需短短几秒钟。

一旦球离开你的脚，你就需要转换角色了。你必须立即从一名传球者转换为能够为队友提供选择的接球者，这就是聪明的球员会遵循"三步"原则的原因。

通常情况下，当你完成传球后，对方防守球员会去追赶球。他追球的时候会紧随球的运动轨迹奔跑，就好像球上拴了一根无形的线在拉着他跑一样。他的随球跑动意味着他把自己置于你和准备接球的队友之间，这样你就被卡在了再次接球时的死角。所幸还有一个简单的补救方法。一般情况下，摆脱死角只需向左或向右跨出三步。你必须迅速地跨出这三步，这样你就再次为你的队友提供了一种可行的传球线路选择。

我们在控球训练游戏中坚持采用"三步"原则。任何时候，只要球员把球传出去，他就必须立即跨出至少三步来创造出一条更好的传球线路。如果他没有这样做，我们就会终止游戏，把球权判给对方。

对聪明的并且真正想要接到球的球员来说，坚持"三步"（至少三步）原则是一个非常有价值的习惯。

该训练需要把所有球员分成3队，每队4人，使用大小约为30米×20米的场地。如果有必要，可以调整场地的大小。3支球队分别被定为黄队、蓝队和红队。刚开始的时候，黄队居中做"猴子"，红队和蓝队在外围负责"遛猴"。如果蓝队把球传丢了，或者把球踢出了边线，那么需要立刻转换角色，由蓝队做"猴子"，黄队和红队负责"遛猴"。

此游戏没有触球次数限制，只要两支负责"遛猴"的进攻队中的一名队员通过一次触球成功地把球传给其他任何一名进攻队队员，两支进攻队就各得一分。需要说明的是，每次传球成功后，两支队伍都会获得积分，最先得到 31 分的球队获胜。

给教练的建议

　　试试这种控球训练吧。我们把它叫作"31 训练"，它也是我最喜欢的一种训练，因为它涉及控球的很多方面，能让你知道什么时候需要一次触球，什么时候需要两次或者更多次触球才能完成传递。一个人记分很困难，如果你有助手或者在养伤的球员可用（最好 3 个人），可以叫他们帮帮忙，给每人分配一支球队，让他记录该队的得分。

9

优于 90° 的传球线路

在前面的章节中，我们已经讨论过要和即将接球的队友换位思考，通过聪明的跑位去给他创造一条完美的传球线路，不要让他在接球后处于困难的境地。在图 9.1 中，前锋△背对对方球门准备接应传球，很有压力，因为背后有对方防守球员紧贴着他。此时接应球员必须选择一条好线路来支援接球的前锋，使他能够比较容易地通过一脚出球解决问题。

接应球员常常在球到达目标球员脚下时便跑到了目标球员身后。但是这样做之后，他很难（通常根本没有办法）让目标球员传球给他了。常识告诉我们，球是不可能魔幻般地穿过防守队员的身体的，除非发生了某种神奇的反弹，因此，接应队员实际上跑到了一个毫无意义的位置。

记住，面对前方处理球是最容易的，这一点对你的队友同样适用。如果你想为队友创造一条有用的传球线路，那你就不能跑到控球队员身后，而必须为他提供一个面向你处理球的机会。如果在他接球的时候你还没有完全经过他，而是大约或刚好与他一侧肩膀处在一条直线上，这时也不能说你为他提供了一条很好的传球线路，因为你的位置要求他在接球的同时完美地送出一记 90° 角的横传球——你非但没有让他更轻松地完成任务，反而增加了任务的难度。

通常情况下，当球到达目标球员脚下时，如果接应球员的位置过于靠前，那么目标球员就只有迎着来球送出一记 90° 角的横传球——而且必须是一记从接球到传球一气呵成的、绝对完美的横传球——给接应球员，才能达到目标！这种情况比接应球员跑到目标球员身后要好，但也好得有限。目标球员确实可以面对接应球员传球，但是很勉强，而接应球员没有给目标球员留下任何产生偏差的余地。目标球员只有送出完美无误的传球才能赶上接应球员的步伐，而这个要求对任何一个人来说都

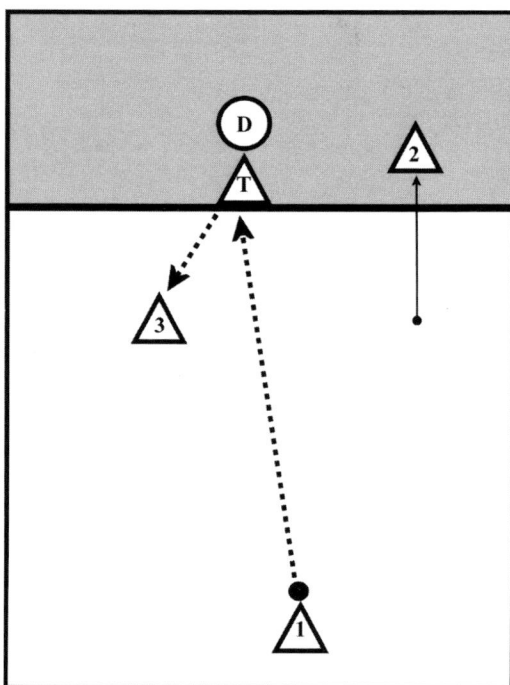

图 9.1　目标球员下方的白色区域代表了优于 90° 的传球区域。当目标球员在接到球后感觉到来自身后的对方防守球员的压力时，其往往向前球员因为越过了目标球员而丧失了合适的接应角度。3 号位的进攻球员在目标球员的前方提供了一个合适的接应点，能够让目标球员面对他更轻松地处理球，也为目标球员预留了传球时产生偏差的余地。点线箭头表示传球线路，实线箭头表示无球队员的跑位

太苛刻了。如果他停球与传球的时机偏差了哪怕只有 1 毫秒，你都会因为跑过了而接不到他的传球。而一旦跑过了，你就不可能在完成急停、转身等一系列动作后重新得到球。那么，这次进攻就会以失败告终，球也会被对手拿到。退一步说，就算你的队友能够送出那一记完美无缺的横传球，如影随形的对方防守球员也会抓住机会伸脚碰到球，从而很可能在球到达你脚下之前很轻松地将其破坏掉。

　　最简单的解救办法是马上减速，给目标球员创造一个更大的传球角度。这时你不要越过目标球员并要求他给你送出漂亮的传球。你要做的就是减速，并保持适当的速度跑到他身前为他提供策应，这样他

就可以面对你传球了。为他创造一个比 90° 更好的传球角度，同时给他留下些许余地，不要让他为难。换位思考，还记得吗？

如果你在他前方停下来接应他，那么他的一记回传球不需要非常完美，过得去就行。他要做的事就是把球传到你前方的某个位置，而你通常需要主动前移，为配合他的传球做出调整。因为你停在目标球员的前方，而他已经挡住了身后的对方防守球员，这就为你多争取到了 1 秒处理球的时间。

接应球员在这种情况下常犯的另一个错误是，没有预判传给目标球员的球会落在目标球员的哪一侧。如果你在接应目标球员时离他比较远，并且他是用脚内侧传球给你的，那么此时你需要调整自己的角度，并向着来球进一步地靠近。你必须看准来球的方向，并且读懂目标球员的身体语言。不要指望目标球员把来自身体一侧的球以一脚出球的方式传给位于其身体另一侧的你。记住，作为一名接应球员，你的任务就是让你的同伴更容易处理球。你真正要做的就是站在目标球员的立场上，问问你自己："如果我是他，我会希望接应我的队员出现在哪里？"然后，你要迅速跑到那个位置。

给教练的建议

让队员做到为队友提供一条优于 90° 的传球线路很容易，但是如果你没有跟队员强调过要这么做的话，后果会让你崩溃。几年前我开始用"优于 90° 的传球线路"这个观点去指导我的队员，现在我发现它竟然成为能伴随球员一生、令其终生受益的建议。

10

三个问题

假如……我该怎么办？我接下来该做什么？我的后面是什么情况？这三个问题将改变你的足球生涯。

每当我在足球训练营指导球员的时候，我都会问他们，足球运动员最重要的身体部位是哪儿。正如你所想，大多数人都会给我同样的答案："脚！"而你也可能给我同样的答案。然而，这个答案是错的。

一名足球运动员最重要的身体部位应该是眼睛。眼睛是你收集信息时最可靠的依托。它就像你的照相机一样，是你用来"录像"的工具。它可以帮助你完成决策之前的信息准备，这样你能够快速做出反应，并帮助球队控制好球。然而，很多球员并没有充分地利用自己的眼睛。

在 90 分钟的足球比赛中，你可能会有 2~3 分钟的控球时间。这就意味着在 87 分钟的时间内——大约占比赛时间的 96%——你根本碰不到球。聪明的球员都明白，即使在未控球的时候，他们也必须为随时可能出现的控球时刻做好准备。而做好准备所需的最简单和最有效的方法就是利用你的眼睛。我并不是叫你看着面前发生的状况，因为那是最简单的要求，也是你不可能避免要做的事。我要说的是你应该如何了解身后的状况，因为你身后才是险象环生和机会降临的地方。

聪明的球员会不断地问自己"假如……我该怎么办？""接下来我该做什么？"等问题。

如果球传到我这儿，我该如何应对？

接到球后，我接下来该做什么？

如果我把球回传给了队友，我接下来该做什么？

如果他们把球回传给我，我接下来又该做什么？

并且他总是会问自己："我身后的情况是怎样的？"

普通的球员会在接到球之后做出决定。这可不是什么好事情。首先，这样做的话他不可能做到一脚出球；其次，这样做就等于主动邀请对手对自己实施抢断；最后，这样做会因为自己动作迟缓而使本队的进攻陷于瘫痪。

聪明的球员会在得球之前就做出 90% 的决定，即使这一决定是要自己面对对方防守球员并且运球突破他的防守。他在球到达脚下之前便已经知道了这就是他要做的事情。

现在的问题是，足球是一项动态游戏，你的决定很容易随着瞬间出现的情况而改变，这种改变既是细微的，也是必要的。然而，聪明的球员在接到传球之前其头脑里至少会有个 A 计划；如果形势转变，他还可以随时实行 B 计划。聪明的球员在得球之前至少有一个可行的选项，而且很多时候那个可行的选项就存在于他身后。

你必须了解自己身后的情况。作为一名防守球员，你不能让对方狡猾的前锋潜到你身后；作为控球队员，你必须清楚自己有哪些最好的选择，而且必须留意那些处在你身后盲区的、随时可能对你发动攻击并使你受伤下场的对手。聪明的球员会不停地用眼睛扫视周围，眼观六路、耳听八方，并持续地评估己方可行的选项和对手可行的选项。教练们经常把这一举动比作开车转弯时的扭头看。

如果你认为自己在这方面已经达到了令人满意的水平，那么我要问你一个问题：你上次故意把球漏给身后的队友是在什么时候？有意识地漏球不是为了好玩，它能够成为一种非常有效的手段。但即使你已经达到了大学联赛的水平，你也几乎没有见过这种情况，因为只有极少数的球员能够敏锐地意识到身后发生的状况。在长达 20 年的大学足球教练生涯中，我遇见这种情况的次数好像没有超过 10 次。

当你把不断问自己"假如……我该怎么办？"变成一种习惯的时候，你就会自然而然地学会眼观六路、耳听八方，而你的足球水平也会得到大幅的提升。当你清楚自己周围和身后的情形时，当你在接球之前心中就有了计划时，你会惊叹：原来踢足球是如此简单！

如果你的哪名球员很难将这个观点融会贯通，那至少要求他在每节训练课上都做到这一点。在每节训练课开始之前，要求他为当天的对抗训练赛制定一个目标——通过保持自己头部不停地转动来观察身边的状况。当他意识到这样做会使踢球变得更容易的时候，"扭头看"就会成为一种习惯。

给教练的建议

    当我们在进行强调速度的训练（从控球训练到全场的训练赛）时，你总能听到我在喊："接下来该做什么？""如果球传给你了，你该怎么做？"我不停地喊这几句话，因为我想让我的球员们把这些观点熟稔于心。我发现这样做使我的球员在踢球时更有紧迫感，速度也更快了。

11

"埋地雷"式传球

"埋地雷"式传球是指队友都不愿意接的传球，因为这样的传球会让队友六四开的得球概率倒过来，这相当于在队友脚下埋了一颗地雷。

"埋地雷"式传球通常发生在控球球员没有被对手紧逼，有一点儿额外的时间和空间去处理球的时候。此时，他看见了队友 A，并考虑传球给 A。距离 A 最近的对方球员在 20 米远的地方，因此如果球很快地传给 A，接下来的一切都会很顺利，因为 A 不仅有足够的时间把球停下来，还有机会去做些更富有成效的事情。可是，控球球员觉得这种传球太简单了，显示不出他的水平。

尽管把球传给 A 是一个很符合逻辑的选择，但是控球球员觉得自己有足够的处理球的时间（同时也认为队友 A 也有足够的时间），所以他犹豫了一下，决定寻求其他传球线路。他审视了一下队友 B，但最终决定放弃，然后他又考虑了队友 C，觉得也不适合。犹豫之后的结论就是队友 B 和 C 都不是明智之选，而现在对方的防守球员已经逼近他，给他制造了压力，因此他最终还是决定把球传给 A。现在的问题是，就在控球球员权衡利弊的那几秒里，最初距离 A 20 米的对方防守球员现在距离 A 只有 5 米了，并且正像一列货运火车一样冲向 A。当球最终到达 A 脚下时，A 得到的是连球带人一起被对手疯狂地铲掉。A 就这样被自己队友埋的"地雷"炸了。

回顾一下，如果控球球员能够迅速做出正确的选择，立即把球传给空当处的队友，那么球仍然会在己方球队的控制之下，而他的队友也不会被铲倒在地，满地打滚。然而，正是控球球员的犹豫不决给了对手可趁之机，让他们迅速拉近了与己方球员的距离，以致将队友置于非常不利的境地。教练们总说："保持简单。"如果不保持简单会怎样？上述事例的结果就是回答这个问题的最好答案。

在 D1 级别的大学联赛中，一般的球员可以在 16 秒之内跑 110 米（整个球场的长度）。用一点点非常简单的数学知识我们就可以推算出，同样的球员可以在 8 秒之内跑 55 米，在 4 秒之内跑 28 米。我的观点是，你的对手跑 10~20 米根本用不了多少时间。因此，当你的队友处在有利的空当时，你要把那该死的球传给他！在他想要接球的时候迅速传给他！球在你脚下多滞留 2 秒对你的球队没有任何好处。每当我看到这一幕的时候，总是想问控球球员："你控球不传到底能给我们的球队带来什么样的好处？多等那 2 秒能给球队带来什么利益？如果你最终还是要把球传给他，为什么不在他处于有利位置的时候，在他可以做一些富有成效的事情的时候尽快传给他呢？为什么非要等那么久，以致最后你的队友被对方铲倒在地呢？"

我曾经见过这样的场景：控球球员在上述情况下，面对对方防守球员的紧逼，向 A 的方向带球跑了 15 米，在距离 A 5 米远的时候把球传给了他。A 刚接到球就立即被刚才成功防守住控球球员的对方防守球员缠住。这种传球就相当于最初的控球球员在对 A 说："我不想让这个对手铲我，所以我把球传给你，让他来铲你吧。"

聪明的球员总是会做出对球队最有利的事情，他们不会以自我为中心去多控球一两秒。他们知道，他们的传球应该尽可能地让队友处在最有可能取得成功的位置。很多时候，这就意味着你要快速、简单地完成球的传递，而不是让队友去踩地雷。

给教练的建议

　　足球比赛是一场战争，你必须牢牢掌握控球权，时刻保持精神集中。正如我在第 1 章里提过的，很多时候，球员拖慢比赛的原因在于他们迫切地希望自己的每次触球都会对比赛产生重要影响，而这就直接导致了他们在传球时犹豫不决，进而导致速度快不起来。我尝试引导球员，让他们意识到没必要每次触球都直捣黄龙；把球控制下来，让球快速运转起来，让对手追着球跑，这样的战术安排有其内在的价值。你需要让你的球员知道，有时候只要把球控制好就足够了。

12

积极主动跑位

聪明的前锋在青年联赛中很容易被发现，因为他们特别引人注目。

你想知道聪明前锋和普通前锋最根本的区别在哪里吗？接到球之前，普通前锋会在球场上伺机而动，直到他看到球被传出去才会做出反应，然后努力地去追球。普通前锋属于快速反应型的。

聪明的前锋属于积极主动型的，他会积极地跑到他想要的接球位置。他可能想要球被传到他脚下；可能想要球被传到对方防守球员身后；也可能想要球被传到空当或者他与控球球员中间。但无论他想要球被传到哪里，他的跑动都会清晰地把他的愿望传递给控球球员。

也许你的队友很能干也很聪明，但他们不是神仙，猜不到你的想法。如果你的跑动不能向他们明示你的想法，那他们永远不可能知道你希望他们把球传到哪儿。你必须主动跑位。你的主动跑位会让你的队友知道应该向哪里传球。也只有通过你的主动跑位，球才能找到你，而不是被传到别的地方去。

聪明的前锋会积极主动地跑位，让队友知道什么时候应该传球，以及传去哪里。

给教练的建议

　　有些球员对比赛有本能的直觉，他们知道应该向哪里跑动，但绝大多数球员做不到这一点。这就是大多数前锋都属于快速反应型而非积极主动型的原因。如果一名球员不是天生的积极主动型球员，那他很有可能因为不知道该向哪里跑而无所适从。面对这种情况，你可以采用两步解决方案。第一步就是让他跑到某个位置，即使他的跑动不那么尽如人意。他一旦养成了主动跑位的习惯，就会开始主动思考自己应该跑去哪里了。第二步就是放录像，这是借助正反两面的事例帮助球员理解这个观点的很好的方式。在第16章中，你会看到我最喜欢的练习之一——"端区"游戏。这是一个对增强球员跑位意识非常有效的游戏，能够帮助球员培养在来球之前聪明、主动跑位的意识。

13

毫无胜算的赛跑

好吧，现在假设你是前锋。你们的中前卫正在带球向前推进，对方的防线在向后退。一切都在以惊人的速度变化着，你必须决定你想要球被传到哪里，并且明确地把这个信息传递给正在带球的队友。

随着对方的防线不断后退，那名负责盯防你的防守球员与你之间会保持 7 米远的缓冲距离，并继续向着他的球门方向后退。

知道我为什么要写这一章吗？

因为很多时候你会要求队友把球传到这名防守球员身后。

好吧，也许你的速度很快，但请面对一个现实——你并没有被绑在爱国者导弹上。你想面对对方守门员在对方防线后面接球是一件非常困难的事情，而且防守你的那名后卫比你更容易抢得先机把球处理掉。你毫无胜算。

因此，作为一名聪明的球员，你应该实行 B 计划——马上停下来，后退两步，跑到你能够得到球的位置要队友把球传到你脚下。难道这样做不是更有意义么？

把自己置于一场不可能赢的赛跑中是毫无意义的。你应该评估一下形势，再用上一些常识。如果你能够插到防守球员身后，那就太棒了，你就应该尽力去做！但是，仅仅有良好的愿望是不够的，因为注定不会发生的事情将永远不会发生。不要害怕为了适应眼前的形势而临时改变计划。

无论你是那名想要队友把球传到对方防守球员身后的球员，还是控球推进准备传球的球员，你做决定时都应该把以下两个因素考虑进去。第一，接球球员的绝对速度。如果那名球员的速度一般，那就完全没有必要把球按照他的要求传到对方防线后面。第二，你必须考虑对方防线后面的剩余空间。就算进攻者能够跑赢盯防的对手，成功突破了防线，也还有一个因素要考虑到，那就是负责禁区的对方守门员会冲出来压缩这个空间。在精心策划用一记直塞球发动进攻之前，要确保在对方防线后有足够大的空间，以便为己方创造出切实可行的、能够威胁对方球门的机会。当这一记我们需要的直塞球是从中场传出来的时候，传球者很容易就能观察到对方守门员的位置，所以考虑到这一点尤其重要。

给教练的建议

　　即使是你的前锋发起了这场毫无胜算的赛跑，那名传球给他的中场球员也同样负有责任。他应该马上意识到，在这种情况下传球是没有意义的，并立即寻找另一条传球线路。看录像是一种帮助你们剖析这些紧要时刻的非常好的方式。

14

反向假跑

　　有时候你想要队友把球传到对方防守球员身后；有时候你希望球能够传到你脚下；有时候你希望球传到你的左脚边；有时候你希望球传到你的右脚附近。不管你想要球传到哪里，让控球的队友知道你的想法才是至关重要的。

　　这正是 2010 赛季我们佐治亚大学队的问题所在。由于前锋表达的想在哪里接球的意图模糊不清，中场球员的传球总是被对方拦截，或者被对方的铲抢破坏掉。要想让球传到自己脚下，我们的前锋就必须学会从对方防线回撤；如果他们想把球传到对方后卫身后，就必须摆出冲刺的架势。

　　我曾经获得的最好的踢球建议是：反向假跑。首先向对对手有利的方向跑，然后突然折返回来为自己争取时间和空间。这意味着，一旦决定了要在哪里接球，你首先就要反方向跑出两三步。想让球传到你脚下么？那就先假装向着球门方向起跑。想让球传到对方防守队员的身后？那就先假装回撤接球，然后突然加速向前方奔跑。最开始的几步反向假跑能够为你赢得你想要的空间。

　　如果盯防你的对方球员总是在你和他之间留出一段较大的缓冲距离，不要担心不能插到他身后去。先利用机会给他设下陷阱，为后面的比赛做准备。迎着他猛冲几步，带动他也向后跑，当他后退的时候，迅速刹住脚，回撤拿球，要队友把球传到你脚下。这样反复几次，他就会放弃与你之间的缓冲距离，开始向你靠近。当他上当并与你过于接近的时候，你就可以让队友把球传到他身后了。

　　你一旦决定了要接球的位置，就必须十分清晰地向控球球员传达你的意图。指一下你希望接球的那只脚，跟他说"脚下！"。你如果想要身后球，就指一下你前方要接球的位置。要尽可能清楚地让他知道你希望他把球传到哪里。

给教练的建议

我认为，在所有的足球技巧中，假跑是最难学的。大多数球员都没有认识到多跑几步的好处，或者对如何把握假跑的时机毫无概念，抑或只是太懒了，根本不愿意在场上实际运用。如果能让一半的球员习惯性地运用假跑技巧，你就很了不起了。

15

他需要我吗？

无球队员提前跑动很多时候都是因为控球球员面临着防守压力。就像我在第 3 章"不可能的传球"里所说的，如果持球队员不可能把球传给你的话，就算你周围的空当再大也没有用。

当中场队员接到球，然后转身面对对方的防守球员时，你必须迅速评估眼前的形势。你要记住，形势可能会在两三秒之内发生变化。这时你需要问自己一个非常简单的问题：他需要我吗？

你的答案来自控球的队友所面临的防守压力。如果他没有被压制，他就有机会抬起头，调整身体的平衡，送出一脚长传；如果他遭到逼抢，那么很有可能难以轻松地保持身体平衡并看到远处，从而不得不进行短距离的传球。

如果控球球员并没有直接面临防守压力，对方防守球员也没有在他和你之间保留过大的缓冲距离，那么你首先应该看看自己能否插到对方防线后接球；如果控球球员即将面临对方的贴近防守，他可能就需要你回撤接球。

如果你看过美国国家橄榄球联盟的比赛，那么肯定听解说员谈论过带球前进的四分卫。为了把球向前扔得更远，四分卫必须先站稳并保持身体的平衡。如果四分卫被紧追不舍，他就没有机会站稳，所以他会希望队友们改变原定的跑动线路，回来接应他的球。足球也是如此，如果你的队友需要帮助，你就要赶快回到他身边接应他，帮他解决困难。

给教练的建议

　　当你的前锋明白了我在本章中强调的观点并将其运用到比赛中的时候，你们的进球数就会开始猛增。在讲解本章强调的观点时，放录像也是非常有效的。

16

直传斜插

　　防守队员很喜欢对方的前锋沿着直线来回地跑动，就好像火车在铁轨上行驶一样。因为这些前锋的跑动线路是可以预测的，他们不会给防守球员制造任何麻烦，防守他们非常容易。但是那些灵动的前锋经常和队友互换位置，并在整个防守区域来回跑动，这让对方的防守球员不得不开始考虑各种可能出现的情况。不仅如此，他们还会迫使对方的防守队员不得不互相交流。你迫使他们考虑越多需要做决定的事情，使他们进行越多彼此间的交流，他们就越有可能出错。

　　足球里最具威胁性的传球就是从两名防守球员之间的缝隙穿过的直塞球，我们把它称之为"接缝球"或"手术刀球"。聪明的防守球员会不惜一切代价去拦截这种传球，但这并不意味着这种传球永远不可能成功。当队友真的送出这种传球的时候，你要充分利用这样的得分良机。

　　聪明的球员能够在场上捕捉到什么时候对方的防线变得平直，什么时候对方的防线上出现了一个漏洞，当这种时刻出现时，利用直塞球撕裂对方的防线就会成为可能。当那一刻到来之时，他们会迅速沿着防守区的对角线跑动。理想的状况是，球和进攻队员分别从不同的防守球员之间的缝隙穿过，然后在对手的防线后面汇合（图16.1）。

　　总的来说，这是足球里最难的一种传球，一旦传球成功，我们就有足够的理由去庆祝。对传球者来说，这种传球要求他能做到清晰地交流信息、及时地把握时机以及准确无误地运用技术。跑动者必须把握好跑动时机，球传出的时候他不能越位，在球快接近对方防线时他要全速冲刺。当传球与跑位结合得非常好的时候，你就创造出了一次极具威胁的破门良机。

在佐治亚大学的时候，我们的防守球员都有一本手册。因为直塞球是如此的危险，所以我们手册的第一页上写着这样一条训诫：**我们不能让对手成功打出直塞球！以前没有，以后也不能有！**可见我们有多清楚直塞球的潜在危险性，它能够一击致命。我们绝不允许这样的传球出现。

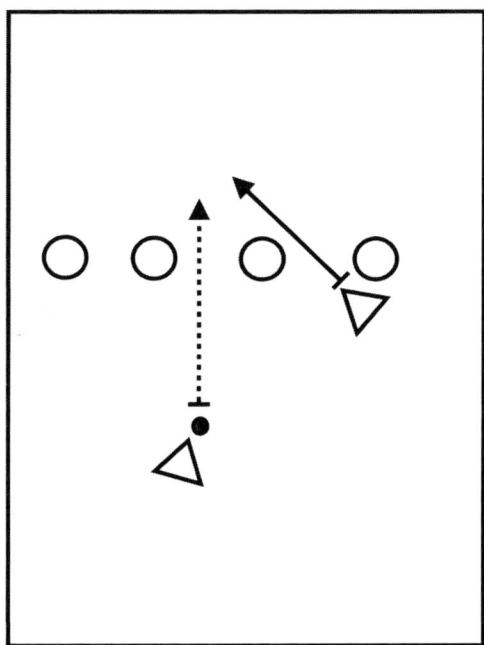

图 16.1 直传斜插球。一旦对手的防线变得过于平直，进攻方持球队员就要瞅准两个中后卫之间的缝隙将球直塞过去。提前准备接球的进攻者会从另一个防守球员之间的缝隙穿过并在对方防线后面接到球。这是创造进球机会时极其有效的传球方式，但传球者必须百分百地确定球能够成功穿越对手的防线。点线箭头表示传球线路，实线箭头表示无球队员的跑位，箭头末端的短横杠表示球员的站位，下图同

聪明的球员都明白这个战术的关键点是进攻球员的斜向跑动和撕开对手防线的直塞球。

　　最常见的由控球球员把进攻搞砸的情况是，传球球员试图把球从接球球员跑过去的那条缝隙直塞进去。这样的缝隙往往很狭窄，不可能容纳人和球同时通过。一条很好的经验是：球和人要分别从两个不同的缝隙穿过。传球者需要把球传到接球者即将跑到的位置，而不是接球者现在站的位置。我最喜欢的用来练习直传斜插的综合训练就是"端区"游戏（见图 16.2）。

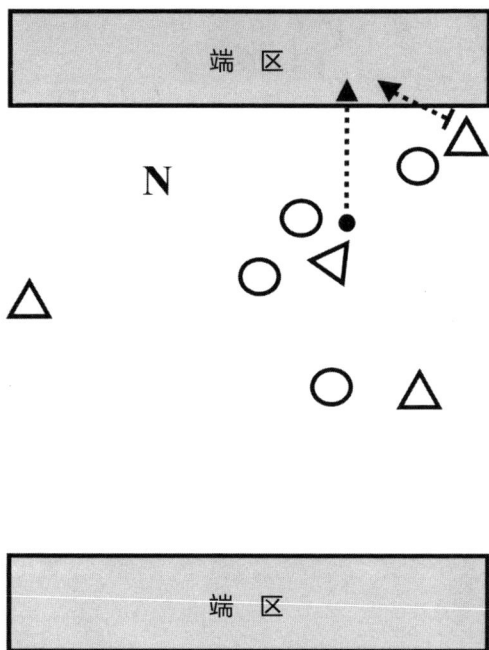

图 16.2　"端区"游戏。四对四的对抗，外加一个中立球员。场地宽 30 米，长 40 米，长边的两头再各加一个宽 8 米的末端区域。为了得分，球员必须在末端区域完成接球，而且必须保证足球在接应队员接球之前就已经穿过对方的防线进入了末端区域。双方的任何一名队员在球进入末端区域之前都不得进去。防守队员可以追着球进入自己的末端区域来阻止对方进球。没有越位限制，场地大小和球员数量都可以调整

17

向对方防线后面传出身后球

两种情况下进攻球员会向对方防线后传出身后球。一种情况是当你能够发动一次有威胁的进攻的时候，而另一种情况就是你面临紧逼别无选择的时候。不论哪种情况，许多这样的身后球最终都没有成功，原因很简单——球并没有真正地穿越对手的防线。

一个球队的防线就像是用一个个桩子围成的篱笆，桩子和桩子之间存在着缝隙。想要球穿越这个篱笆，要么从这些桩子之间的缝隙穿过去，要么就从篱笆的顶上越过去。

当传身后球的目的是想制造一次有威胁的进攻时，传球球员往往会过于追求精准，不给自己留下任何余地。他总想不偏不倚地把球传到己方进攻球员的前进线路上。这种精准是必要的，否则防守球员只需滑铲时将脚尖碰到球，你的进攻就会被扼杀。这种传球被对方扼杀的情况我已经见过数千次了，但是传球时所需的这种精准很难做到。

如果你正准备传出一记身后球，那将是一个破门的绝佳机会，你们千万不能把这样的好机会搞砸了。你的传球有些许的偏差是可以接受的，但是你务必要把球传到对方防守球员的身后。如果球能够被成功地传到防守队员的身后，不管传球的精准度如何，至少对进攻球员来说是一次机会。聪明的球员都明白，在这种情况下，可能出现的最糟糕的情况就是球并没有越过对方的防线。面对进攻无果和球权落入对手手中，进攻队员最终只能无功而返。

当必进球的机会出现时，能够送出精准的传中当然是最好的。但是就像玩名为"掷蹄铁"[2]或者"投手榴弹"的游戏那样，能使球接近目

2．掷蹄铁是流行于美国和加拿大的一种游戏，游戏规则为由2人或4人参加，各人将蹄铁掷向标桩，使之套住或尽量接近标桩。——译者注

标就算完成任务了。

　　当你的队友在对方防守队伍中获得了一个好位置时，你的第一选择就是为他制造机会，把球传到防守队员的身后。这时，你的脚法不必非要像大卫·贝克汉姆（David Beckham）那样精准，你所要做的就是把球传到对方防守球员的身后，让你的队友能够先于防守球员得到球，同时保证他能够面对对方的球门接球。就算你的传球并没有想象中那么好，就算你的传球不能让人们赞不绝口，它依然能够制造破门得分的机会。如果你的队友接到你的传中后进球了，你同样可以把这段录像放到视频网站上去炫耀。

　　有时候你决定传出身后球并不是因为有精心策划一次进攻的打算，而是因为你面临对手的紧逼别无选择，只是想把球远远踢开以缓解压力。但这同样是一个传身后球的好时机，前提条件是它确实被成功地传到了对方防守队员的身后。

　　这就是 2010 年我们在佐治亚大学所遇到的另一个问题。太多的球员过于追求传球的精准性，总是试图把解围球转变为如同"手术刀球"般精准的传球。但这些传球往往都不能传到对方防守球员的身后来迫使对方防守球员转身面对他们自己的球门去追赶球，而是被对方很轻松地用头球化解了。为什么会这样呢？原因很简单——我们传球的力度不够。

　　对防守球员来说，最简单的事情莫过于面对对方球门处理来球。他们最害怕的就是在面对本方球门追赶球的同时还要对付如影随形且斗志旺盛的对方前锋，在这种情况下，即使是最好的防守球员也会感到害怕。

　　当你决定把球传送到对方防线之后时，一定要确保球能成功地穿越防线。用劲踢！用足够的力量使球越过防守球员！因为就算这个传球不那么完美，它还是能够让防守球员处在很不舒服的位置，从而给防守球员制造麻烦。给防守球员制造麻烦是很必要的，因为进攻方可以把这些麻烦转变为对手的失误，从而成功地断球，制造出很多破门得分的良机。

　　解围球就像打高尔夫时出现的小鸟球一样，击球过轻就会功亏一篑。如果传球一定会出现偏差，那就宁可在传球时用力过大也不要用力过小。

给教练的建议

在佐治亚大学，我们是用观看录像的方式解决本章强调的如何向对方防线后传出身后球的问题的。首先我们观看那些因为传球力量太小而导致解围球被对方防守球员轻松截获的录像。仿佛是命中注定一样，在看完录像后紧跟着而来的一场比赛中，我们队就通过一记强有力的解围球成功迫使对方的右后卫面向他们自己的球门追赶球。在压力之下，这名防守球员懒散地把球回传给守门员，球却被我方前锋截获，然后被我方球员轻松送入网窝。我们把这段视频也剪辑下来放给队员们看了。

18

足球场上的"浅水区"

有时候，当你控球时，你前面是一大片开阔地带，于是你兴味十足地快速带球前进，全场的焦点都集中在你的身上，观众们都站起来了，他们呼喊你的名字，为你欢呼，都期待着你的表演！而你的肾上腺素也急剧飙升！这时对方的防守球员会上来对你围追堵截，使你既不能继续运球，又不能把球传出去，并且此时你根本不可能突破他们的防线。你仿佛进入了一个死胡同，向前走已经不可能了，你要怎么办呢？

面对这样的局面，一般的球员会依然沉浸在刚才的兴奋中，埋头带球向前冲，并希望能够创造奇迹。但是就像太阳每天会升起和落下一样，球被防守球员抢走是必然的事。我们把这种行为称作"带着手榴弹"运球。当球员开始运球的时候，手榴弹的保险就已经被拉掉了，最终把球员自己炸得粉碎。

听着！这个时候你必须理性地考虑周围发生的一切。在这个所有人都极度兴奋和躁动的时刻，你必须要保持冷静和理智，并运用你的常识分析状况。当"隧道"另一端的光线变得越来越弱时，你必须要保持冷静，并理智地做出分析，然后及时刹车往回走。

相信我，这样做绝对没有问题，大家都能够理解，而且都很感谢你，因为你帮助球队把球控制住了，没有继续往死胡同里带球去完成你那光荣的"自杀任务"。

在这个时刻，你最好回想一下多年前你在游泳池的经历。记不记得第一次下到游泳池里的情景？那时你还很小而且不会游泳，你慢慢地下到游泳池的浅水区，因为那里是安全的。但是你又想测试一下自己活动范围的界限在哪里，于是你一步一步地走向深水区。池水逐渐淹到了你的鼻子底下，很快你就发现自己走到了水能够没过头顶的地方，这时你意识到了危险。还记得你当时是怎么做的吗？你手脚并用地拼命扑腾，尽你所能地退回到浅水区。毫无疑问，你当时的选择是正确的！

踢足球也一样，你必须意识到什么时候"水"过于深了。当"水"真的过深的时候，你要做的就是护住球，向回游到"浅水区"。你要帮助全队把球控制在己方脚下，不这样做你就不可能赢得比赛。

最后，我要说一个与你在本章读到的内容完全相反的观点。在你的一生中，你会有机会执教某个非常特别的、非常与众不同的球员。他能够在现实中不时地利用盘带成功突破对手的围追堵截。遇到这样的球员，你就不要去约束他，你只要轻松地坐在一边，欣赏他的表演就好，他会为你赢得各种比赛。

给教练的建议

我确信你带的球队里肯定也有队员有不顾局势一味埋头带球向前冲的毛病，每个队伍里都有。我的建议是：用摄像机把这种情况录下来，放给全体队员看。然后把前面有关浅水区的那个例子讲给队员们听，因为这个例子好记也好懂。实际上，当有队员被围堵却还想要强行突破的时候，我会让其他队员对着他大喊："浅水区！"当你的队员能记住这个比喻的时候，他们会知道该如何做的。

19

解围球要干脆

一支非常优秀的球队会在训练时不断地做控球练习，那么球员们将开始养成一个危险的习惯，那就是无论在什么情况下都试图把球传出去。而那可能会引发很严重、很严重的问题。

这里我要明确的是，在比赛的某个时刻、某个地点，你仅仅需要把解围球踢出去就行了，就像把粘在手上的鼻涕甩出去那样。你可以高昂起头，理直气壮、毫不羞愧地这样做。

令我感到震惊的是，很多次，我们的一名防守球员，就站在我们的禁区前沿，当他面对着来自对方进攻球员的巨大压力和迎面而来的反弹球时，他竟然试图挑出一记凌空球，想把来球传给我们位于中圈底部位置的、负责进攻的中后腰。这无异于自杀，因为很多时候这种球都会被对手得到然后直插入我们的咽喉。作为一名防守球员，你必须时刻牢记，你的首要职责是阻止对手进球。诚然，我们希望你尽可能地保持控球，但你必须明白，有些时候我们首先要做的是避免损失，所以只要尽你所能把球开到远离本方球门的位置就好。当你这样做的时候，我们都会理解你的用意。

不管我们在训练中是如何做的，在比赛中我们总有丢球的时候。足球就是这样，你不可能从头到尾都保持控球。但丢球的位置很重要，你需要让这个位置出现在对自己球队的威胁最小的地方。你必须认识到，在对手的半场丢球肯定比在自己的半场丢球要好得多。

观看任何一场英超联赛的比赛，你都可以发现比赛中会出现十几次的大脚解围，这些解围有些时候是为了减缓己方禁区前的压力，很多时候只是为了破坏对手的控球。如果我们必须要丢球的话，就在离我们的球门尽可能远的地方丢吧。这很有道理，不是吗？有时候，我们要做的就是尽可能把事情简单地处理掉，给我们的球队减少麻烦。但有时候，我们则要尽可能给对手制造麻烦。距离我们的球门越远，他们的麻烦就越多。

给教练的建议

　　如果你是一名注重控球的教练，你必须不断地提醒你的球员，有时候他们能做的正确的事情只是竭尽全力地把球踢向远处。而对于防守球员，你必须不断地提醒他们，使他们时刻记得自己的首要职责。另外，不能不把解围球当一回事。就像其他的足球技巧那样，解围也是一种技巧。设计一些这样的训练课：不停地给后卫球员喂各种类型的来球，要求他们用左右脚轮流完成一脚出球式解围，并且规定只有解围球越过了中场才能得 1 分。

20

最愚蠢的犯规

我队进攻时，把球传到了对方左后卫的身后，他面对自己的球门护住球。我方的进攻球员在他身后顶着他，把他压制在边线上，他一边护着球不让我方球员抢走，一边想办法摆脱目前的困境。在他护球的时候，我方球员慢慢地、讲究技巧地把他逼向底线。就在两人互相拼抢的时候，我方更多的球员压了过来准备围攻他，他开始陷入慌乱之中。突然，不知道什么原因，我方与他拼抢的球员失去了耐心，用脚猛地踢对方。

你这笨蛋！

为什么要这么做？为什么？为什么？为什么？为什么？

我方本来占有极大的优势，而对手遇到了麻烦，并且他没有找到摆脱困境的办法。此时无论他尝试哪种传球方式，都过于冒险。对他来说最好的选择就是把球踢出边线，让对手掷界外球。况且，此时他正一步步地把球带向自己球门的方向，他实际上是在做我们希望他做的事情！而我们的球员做了什么？他因为失去耐心而愚蠢地犯规，把本来已经上钩的对手从鱼钩上解救下来放走了！唉！

永远都不要在那种情形下犯规！你要保持冷静，耐住性子。现在遇到麻烦的是他，让他自己去找摆脱困境的办法，不要因犯规而送给他开出任意球的机会，否则，就是你帮他解决了问题。这样做太愚蠢了。

给教练的建议

　　一旦你在训练或者比赛中看到这种行为，你就要立即指出来，并向每位球员阐述不能在这种情形下犯规的重要性。比赛录像在讲解此类注意事项时也可以派上用场。如果问题还不能被解决，那就加大整治力度。因为如果你的球员总是用犯规来帮助对手摆脱困境，那你们是赢不了比赛的。

21

选择合适的部位停球

    一个低反弹球正向你直冲过来，如果你的第一脚触球能够把球停好，那么你就有足够的时间去做一些更有成效的事情。但你是怎么做的呢？你两脚并拢，双臂张开，踮起脚尖，头向后仰，闭上眼睛，让球撞到你的护腿板上。

    啊，多么可怕的双小腿停球啊！

    随着我的足球事业的发展，我面对的都是职业水平很高的球员，我几乎没有再遇到过这样低级的停球，对此我感到非常庆幸。因为没有任何低劣的技术能像双小腿停球这样把本来赏心悦目的比赛变得令人不忍直视。这是足球运动的污点，如果你这样做了，你就该被关进小黑屋里面壁思过。

    你明白这一点了吗？

    我完全想不出为什么会有这样的人，本来能够轻松地用脚内侧把球停下来并为做下一个动作做好准备，而他却选择让球撞在护腿板上。在任何一场高中足球比赛中你都可以看到球员们一次又一次地这样做。坦率地说，在有些大学级别的足球比赛里这种状况也是屡见不鲜。

    不是每一名球员生来就技术高超，不是每一名球员都能够带球突破三名防守球员的阻截，不是每一名球员都能够快速变向。但人的才能不全是天赐的，就算是天资聪颖的球员也明白要选择一个合适的身体部位把球控制下来。你不能在迎着球向前冲时还闭着眼睛，像是要为总统挡子弹一样。你必须要有意识地选择合适的身体部位去停球，你不能任由足球撞在你的身上然后弹走。你的任务是把球控制下来并为接下来的传球或者射门做好准备。如果你采取双小腿停球的方式，那么一切都免谈了。

不要用小腿停球。我实在不知道还要如何解释这点了。总之，道理就是这么简单，你必须对自己要求更严格一些。

给教练的建议

我们在足球夏令营中经常会看到球员使用双小腿停球。如果一名球员这样做，我们就会暂停训练，并告诉每位球员这种看似特别的方式是不被接受的。高水平的足球运动员都是用脚接球，而不是用小腿接球。如果你想用一种绝佳的训练方法来增强球员的自信心，培养球员一次触球式停球的能力，我强烈推荐 Ping[3] 这种训练方法，如果你对 Ping 不是很了解，可以去查看我在 2011 年 1 月 1 日发表在 www.Soccerpoet.com 网站上的博客，文章名为《打造专业球员》（*Making a Pro*）。

---

3. 球员面向场内站在距离球门两米远的位置，此时球门的作用是防止足球在球员传球或接球失手时跑得太远。教练带着一袋足球站在点球点一线的某个位置。然后教练会向着球员的膝盖所在的高度或者向更低一些的高度爆发式地给球员喂球，球员则需要将球停在自己身前一步以内的位置。教练也可以考虑不时地送出击地球和半凌空球。总之要保证喂球的线路和节奏具有多样性。这个练习可以极大地提高球员的自信。如果有人偶尔在 10 米外向着你的胸骨所在的高度踢出一记半凌空球的话，你是没有时间避开的。如果你的球员足够优秀或适应了训练，你可以通过增加限制来增加训练的难度，比如，只能用脚背外侧接球。——编者注

22

脚尖捅球

如果足球里有什么技巧是几乎全美国的年轻教练都会坚决反对使用的，那一定是用脚尖处理球了。在美国，用脚尖处理球已被贴上了耻辱的标签。我们教育我们的孩子不要酗酒、吸烟、偷盗，也不要用脚尖踢足球。因此即使巴西的射手们乐此不疲地用脚尖射门得分，美国球员也对此方式嗤之以鼻。

诚然，脚尖不可能是你唯一的或者最常用的踢球部位，使用脚尖踢球也不应该成为你的招牌技能，因为它确实存在明显的缺陷。但就像足球里几乎所有的技巧一样，脚尖也有它的用武之地。

当你很仓促的时候，用脚尖捅球会特别有用。比如，你站在离对方球门 6 米远的地方，距离对方正在冲上来的、企图把球破坏掉的防守球员只有一步之遥，你知道此时必须完成这脚射门，但球离你的脚太近了，所以你感觉自己需要适当调整一下才能更好地把球射出去。这个时候就是你施展脚尖捅射的绝佳时机。

脚尖捅射的好处就是几乎不需要准备时间。你不需要调整你的身体，也不需要做大幅度的后摆腿或者球踢出去以后的随球动作。当球停在你的前方，而你又需要立即把球踢出去时，为什么不试试这种老派的用脚尖捅球的方法呢？因为只要球进了，它仍然可以与鱼跃冲顶和倒钩球媲美。同样，当你作为一名防守球员想通过和对手奋力拼抢来把处在危险区域的球解围出去的时候，用脚尖捅球十分有效。

不要羞于用脚尖捅球。让它成为你的工具箱里的又一个工具吧。

给教练的建议

    我见过的最精彩的脚尖捅射进球是在 YouTube 上搜索到的密西西比的泰勒的进球（Ole Miss Goal Taylor）。我特别喜欢那位解说员的解说词。那是一个在恰当的时机利用合适的身体部位踢进关键球的典范。你可以用这个例子来说服自己，用脚尖捅球是个值得一试的方法。

23

毫无意义的人墙

裁判判给了对手一个任意球，距离你们的球门45米远。你们队该怎么做？你们派了四个队员组成人墙。可问题是为什么要这么做呢？这确实是一个令人头痛的问题，并且在女子足球里非常常见。

只有当球门明显地处于任意球的射程之内时，你们才需要一个以上的队员去搭建人墙。45米开外的球门显然不在任意球的射程之内。

换个角度想一想，如果主罚任意球的球员并没有直接射门，那么他很有可能会传球。在前场（球场上距离对方球门最近的占整个球场三分之一的区域）的绝大多数任意球都被传到了禁区里。球飞进禁区，一群球员会挤在一起来抢球。这样每一名被派去组成人墙的球员就成了局外人，不可能再去一对一地盯防在你们的禁区里伺机而动的对手。每多派一名球员去组成人墙，就意味着可以用来拼抢第一点或者拼抢偏移球或者参与防守的球员少了一名。

守门员为此必须承担部分责任，因为他们中的很多人都是球队的核心。当对手获得任意球的时候，守门员会负责安排组织人墙，就好像他们是专业指导一样。守门员极为害怕对手的任意球破门，而他们认为最好的防止对手攻进任意球的方式就是搭建一面密不透风的人墙。但他们必须要面对现实，理性地衡量对方射手的射门能力，理性地评估自己是否有挡下来自40米外的射门的能力。如果你的守门员沉迷于搭建不必要的人墙，那么你需要指挥你的队友不要按照他的安排来组成人墙。如果你没有劝阻，那么你也应该承担部分责任。

给教练的建议

　　设计搭建人墙的计划应该由你来确定。你的球员（尤其是门将）需要懂得根据任意球的位置来确定组成人墙的人数。我个人的观点是，如果我们的人墙越过了禁区弧两步的话，那我们就不需要搭建人墙。禁区弧距离球门有 20 米远，那么越过禁区弧两步就是距离球门大约 22 米远，从 22 米处再前推 10 米左右（罚任意球的位置）就是距离球门 32 米远。守门员应该有能力拦下来自 32 米外的射门，尤其是在视野开阔的时候——如果没有人墙就没有人会阻挡他的视线。

24

掷界外球

你知道吗？即使是在大学联赛里，掷界外球的成功概率也差不多与掷硬币的成功概率一样。大学球队仅有一半左右的概率能够成功地控制好自己的界外球，而其余时候他们都把球权"还"给了对手。你或许会感到奇怪，为什么在球出界以后，每个教练都会喊着要裁判把界外球判给自己的球队。你完全可以把掷界外球的机会让给对手，反正会有一半的机会能使球回到你的手里。

我有几种关于控制好本方界外球的技巧。

当你拿到滚出界外的球以后，你应该立即把球举过脑后做出掷球的准备姿势。很多球员喜欢双手抱球，把球放在腹部前方。但当他看到本方的目标球员并准备把球掷过去的时候，他还是必须把球举起来越过头顶，放在脑后再往前扔。在你把球举过头顶的一两秒时间里，对手已经判断出了你的目标队员，然后会立刻冲上去围堵他。问题就出在你的准备时间过长了。但是如果你一开始就把球举到脑后，一旦确定了目标，你就可以快速地把球扔给他。

如果你想顺着边线掷球，不要把球掷在你的队友与边线之间的位置，因为球会碰到你的队友身上然后弹出界，最终成为对手的界外球。尤其是在你准备掷球给队友，需要他通过头球摆渡做出接应的时候，这一点更为重要。因为他的脖子只有这么长了，你不能指望他把脖子拉长半米，然后把头转到球的另一侧接球。你直接把球扔到他的头顶上，给他一个跟对手拼抢的机会吧。

如果你的队友回撤接界外球，你就不要扔反弹球给他。球一旦反弹，就会开始向上运动，就会增加停球的难度。通常情况下，反弹球会弹到你队友的膝盖或者肚子上，这种球处理起来很有难度。但如果你能够避免球的反弹，使球在到达你的队友身边的时候就呈现下坠的趋势，你的队友就可以很轻松地把球卸下来停好或者通过一脚出球直接传中，或者用头球摆渡。

任何时候，只要有可能，你就要尽可能在你的对手做好准备之前把球掷出去。掷界外球后要好好利用对手背对着球的那段时间。掷界外球完成得越快，你的球队就越有可能把球控制住。

给教练的建议

你的球队在每场比赛中都可能有 20 至 40 次掷界外球的机会。如果你们能控制好超过一半的本方界外球，那将是很不错的成绩。与你的球员讨论一下，然后在训练课上花 10 分钟时间巩固一下对这些策略的认识。相信我，这将给你的球队带来巨大的改变。

25

用身体护球

　　本章内容并不是要讨论在一对一的情况下如何过掉你面前的对手，而是要讨论怎样带球躲避对手的逼抢，怎样把球牢牢控制在脚下。最容易让对手拿到球的方法就是把球放在你和他的身体之间。不要这样做，千万不要这样做。如果你总是习惯把球控制在你和对手的身体之间，那你绝对不可能成为一名优秀球员。

　　当你带球的时候，在一开始你就要用自己的身体把球与对手隔开。然后，看在老天的份上，你千万不要带球直接转身面对他。如果你要带球回撤，你同样不要直接转身面对他，而是要从身体的一侧转身。这样可以保持你的身体始终处在球与对手之间，便于你护住球。

　　在比赛中，你的视野会受到限制，因为场上的每一个人都处在与视线水平相当的高度上。在一场步步受到对手疯狂紧逼的激烈比赛中，你看上去好像无路可走。你慌不择路，强行带球直接转身面对他，结果球丢了。如果你去看一段从高处（比如看台最高处）拍摄的比赛录像，你会发现，如果你能够保持冷静的话，事实上你会有很多种选择。

　　足球是一项球员可以朝各个方向移动的运动，球员不必像在有些运动中那样必须前进不能后退。你拥有向各个方向移动的自由，一名防守你的球员的防守范围是有限的。就算他能够完全防守住你身体的一侧，你还有身体另一侧的空间可供你自由移动。一名防守球员是不可能将你包围起来的，他不得不给你留有余地，所以不要恐慌。明白了这一点会使你在控球时更加沉着，而沉着冷静是成为一名聪明球员的前提。

　　在佐治亚大学时，我们有一条戒律：绝不让对手在一对一的情况下从我们任何一个人脚下把球抢走！我们球队名单上的每位球员都要有良好的心理素质和较强的技术能力，并能在面对对方一名防守球员的时候把球牢牢控制在脚下。如果做不到这一点，我们是不可能赢得比赛的。

如果你头脑发热，企图从对手和自己身体之间带球回撤，就等同于向对手发出抢球的邀请。不要这样做！你完全可以找到其他的办法。相信我，总是有其他办法的。你只是需要冷静下来，然后找到突破口。

这是踢足球最基本的原则之一，我们要学习并恪守这条原则。

给教练的建议

一对一逃跑训练能很好地增强球员在面对压力时沉着冷静的心理素质，提高其带球变向以及做假动作带球的能力。"逃生通道"（图 25.1）这个游戏在我们的训练课上经常出现。

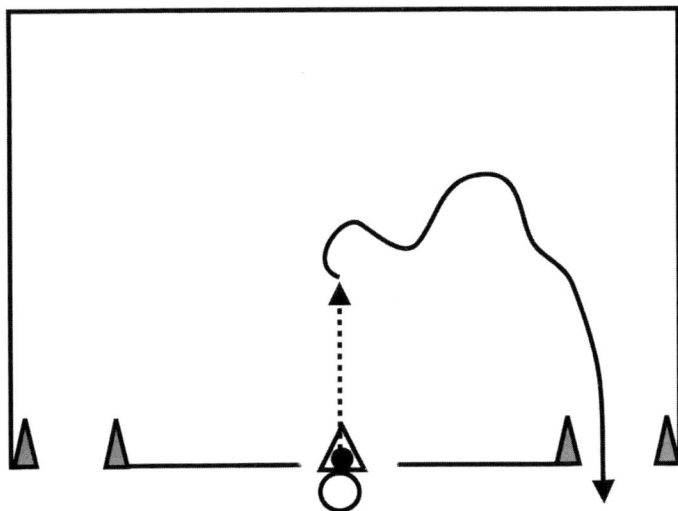

图 25.1 "逃生通道"。游戏场地有 12 米长，8~10 米宽。以其中一条 12 米长的边线为起跑线，起跑线的两端各有一个 2 米宽的小门。进攻球员站在起跑线上，双脚分开，球位于两脚之间，而防守球员直接站在进攻球员身后。防守球员用脚尖把球从进攻球员的两腿之间捅出去，比赛开始。进攻球员的目标是首先抢到球，然后带球从任意一个小门跑出。如果防守球员使进攻球员失去对球的控制，或者把球踢出了游戏场地，那么防守球员获胜

26

拖后的控球队员

本章将讨论一个重要的原则，它主要适用于（但不局限于）后卫队员。

在 2006 年世界杯美国和加纳的比赛中，美国球员克劳迪奥·雷纳（Claudio Reyna）发现自己是本方除守门员外离本方球门最近的一个人，而此时球就在他的脚下。加纳球员哈米努·德拉曼（Haminu Draman）突然从雷纳脚下断球，单枪匹马带球突入禁区射门，球射中远门柱内侧弹入网窝，加纳以 2∶1 获胜。

如果你是离本方球门最近的那名球员，当你得球时，绝对不能让对手把球从你的脚下抢走，这是足球场上的一条神圣的戒律。

当你发现自己处于这种情形之下时，绝对不要尝试带球过掉对手的前锋。不管他多么优秀或者他是多么糟糕，都不值得你去冒这个险，因为你一旦丢球，你们队的麻烦就大了。对手断下你脚下的球后会径直地、毫无阻碍地面向球门形成单刀之势，这是非常糟糕的。你不能在把这样的机会拱手送给别人后还指望自己赢球。所以不要尝试过掉对方的前锋，想都别想，除非你真的是山穷水尽，别无选择。

有时候，尤其是作为一名中后卫，球在你的脚下，而你前面有一定的空间，最近的对手离你还有 15 米远，但他正在缓慢逼近你。在这种时刻，你必须牢记这条原则，因为那段距离会以超乎你想象的速度消失。当它真的消失时，你的麻烦就大了。

在这种情况下，不要去想对方前锋是否会上前抢断，那是一条危险的红线，你的教练绝不希望你跨越它。我的原则是，不要让那个前锋靠得太近以致威胁到球，给自己留出 3 米的安全距离。选择在比你可能要传球的时间再早一点的时候把球传出去，确保在对手离你不足 3 米之前把球踢出去。

记住，评判防守球员好坏的首要标准就是球队的失球数。如果你能帮助球队组织一次进攻，当然再好不过了，但那只是你的分外之事。记住你的首要职责，让这些首要职责成为你的行动指南。我在前面讲过几次，但在这里有必要再强调一次：不要让对方的前锋过于靠近你以致威胁到你脚下的球。

给教练的建议

本章重点阐述的观点肯定会对你的比赛产生重大影响，所以要百分之百地确保你的球员理解它。最大的问题是有时候你的球员会打破这条原则，并侥幸成功了。但不要因为这种做法成功了几次，就认为这样做是正确的。你必须不遗余力地强调这个原则的重要性，否则一定会为之付出代价。

27

防守球员对球的处理

在第 26 章中我们讨论了有关最后一名持球的防守球员的问题，而这一章的内容适用于所有防守球员。

有时候你会试图把球往前踢，你的目的可能是传球，也可能是解围，你踢出的球可能是地面球也可能是空中球。这些都不重要，因为即将要说的内容适用于以上所有情况。

你想传球或者解围，毫无疑问必须先要躲过对手第一波的反抢。

当你处理球的时候，通常你的前面都会有一名对手。他可能在你前方 1 米远处，也可能离你 10 米远。同样，这都不重要。不管他离你多远，你的传球必须越过他，绝对不能让他把球拦截下来。

当他阻断或拦截了你的传球后通常会有以下三种后果。

1. 他现在完全控制好了球，并与你形成了一对一的局面，这对进攻球员来说是梦寐以求的事。

2. 他控制了球，并有机会把球传到你的身后，传到一个正在前插的队友脚下。

3. 球打在他的身上反弹到了你的身后。这种情况下对方进攻球员面对着球，而你是背对着球，所以进攻球员总是能够更易占得先机。如果他拿到球，他就有很好的机会制造威胁。即使你能够先于他得到球，你也会在面对自己球门的同时面临来自身后的逼抢。不管哪种情况，对你的球队都非常不利。

如果一名防守球员在对手的第一波反抢中丢了球，对手就会很快地转守为攻，这是非常危险的，所以你要不惜一切代价避免这种情况发生。

当你是那名控球的防守球员时，你要给自己留下一点余地。传球时让球离你的对手再远 1 米。如果你想要球从他的头顶越过去，就把传球的高度额外提高一两米。丢球是一回事，而把球丢给离你最近的对手是另外一回事，这种错误是不可容忍的。

给教练的建议

与第 26 章的建议一样，本章有关处理球的建议也同样会对你的比赛产生重大影响，所以要百分之百地确保你的球员都明白这一点。球被拦截的那一刻通常都会转变成改变战局的时刻，所以你必须确保你的防守球员没有在为对手做嫁衣。

28

快速发球

　　裁判判罚了一个距离球门 25 米远的任意球，于是防守方的球员迅速集结组成人墙。守门员紧靠门柱，大声指挥着队友排好人墙。进攻方的一名球员很敏锐地注意到那位守门员偏离了位置，并且注意力也没有集中在他的球上。所以这名进攻球员迅速上前，成功地把球射进了空门。

　　如果你认为那位守门员的不幸归因于一个愚蠢的错误，你是对的。如果你认为优秀的球员不会犯愚蠢的错误，那你就大错特错了。这个球就是在一届全美大学体育协会（National Collegiate Athletic Association，简写为 NCAA）全国锦标赛决赛的第三场加时赛中踢进的。在这项一年里最重要的赛事上，能赢得全国总冠军竟是因为一名球员敏锐地发现并抓住了对方一名球员走神的机会，并踢进了决定了比赛结果的一球。

　　即使是在高级别的比赛中，当裁判吹响哨子的时候，许多球员仍会处于注意力完全分散的状态。每一场比赛都会出现球员思想松懈的时刻，聪明的球员总是在寻找这种他们可以利用的、因对手一时的大脑短路而出现的机会。在这样的机会出现时，快速发球会让球队赢得比赛，而那些足够机灵的、能够发现这些有利时机的球员则会成为球队的英雄。

　　举一个发生在我带过的大学球队中的例子。对方的守门员因用手接队友的回传球而被裁判吹罚了犯规，我们因此获得了一个间接任意球。守门员站在罚球的位置，摊开双臂，手心朝上，向裁判表示着不满。球被守门员托在一只手掌上，我们的一名队员把球从他手中抢过来，迅速放到地上，传给了另一名队员，后者直接把球踢进了无人防守的球门。

　　听起来很搞笑，是吗？是的，但它确实是事实，并且这样愚蠢的事不仅仅会发生在守门员身上，还有可能会发生在每名球员的身上。

　　在一场常规比赛中，如果把界外球算进来，可有高达 60 次的发球机会。如果你已集中注意力并为快速发球做好了准备，那么你就能充分利用这些机会。你不可能每次都像上面例子中的进攻球员那么幸运，但如果你用心了，你也会时不时地得到运气的眷顾。一次成功的快速发球往往只是一次进攻的开始，而不是结束。所谓快速发球，可以是使界外球越过没注意看球而是低头往回走的防守队员，也可以是将任意球在中场附近很快地踢出，并将正在与裁判争辩的对方球员甩在身后。不管是什么情况，当裁判的哨声响起的时候，对方的球员便都放松了警惕，你要做的不是等他们回过神来，而是让他们为这片刻的分神付出代价。

聪明的球员总是在寻找一个时机——任何能让他们赢得比赛的时机。他们就像猎人一样，总是在寻找捕获猎物的机会，而快速发球就是"狩猎"的良好开端。

很显然，硬币的另一面也同样重要。当裁判判给对手发球的时候，聪明的球员都能明白，对手也像他们一样，随时在寻找"偷钱包"的机会。所以，当哨声响起的时候，那些聪明的球员不仅仅自己保持注意力高度集中，同时也会提醒队友们做到这一点。我想说的是，如果你是那名将球用双手奉给我们球队的守门员，你该有多么懊恼啊！他因 1 秒钟的分心而让自己的球队付出了输掉比赛的代价。永远不要让那种事情发生在你的身上，也不要让你的队友成为那个人。

哨声响起的时候，你的任务还没有结束，而你的对手的任务也没有结束。你要快速发球，抢占先机，并且要阻止你的对手做到这两点。

给教练的建议

你需要把快速发球的好处和危险性都跟你的队员解释清楚。我们强化这个概念的方式之一是组织小场的比赛（五对五加上守门员）。我们会在边线上额外放很多的球，所以一旦球被踢出界，队员可以迅速捡起地上其他的球重新开始比赛。

29

自主判断空中球的落点

你是否有过这种经历：当老师提出一个问题，你因为旁边的人的答案跟你的不同而改变了自己的答案。然后呢？结果证明你本应该坚持自己的观点，因为你的答案才是正确的。是的，我们都有过这样的经历。我们对自己的选择缺乏自信，所以选择了人云亦云，并最终为此付出了代价。

作为一名防守球员或者中场球员，你的任务之一就是拦截对方守门员踢出的空中球。我已经数不清有多少次看见进攻球员朝着空中球跑去，而防守球员如影子般紧随其后，最后球却从他们两个人的头顶飞越而过。

我明白防守队员在想什么，他不想让对手获得一个轻松的头球机会。他想把空中的来球拦截下来。问题在于，很多球员根本不能判断空中球的落点。如果说当教练使我明白了一件事情的话，那这件事就是前锋们经常对球会落在什么地方没有概念。

我曾经见过很多像上面提到的这种例子，如果防守球员只是站着不动，没有去追前锋的话，球本来是可以落到他的头顶的。

准确判断空中球的落点是一名优秀球员应具备的能力之一。如果你不擅长这一点的话，你就需要让自己变得擅长。但愿你有一名教练可以帮助你培养这种能力。但是一旦你具备了这种能力，就要相信自己。不要让对手轻易地把你带离你认为自己应该站的位置。事实上，那名对手很可能就是一个白痴。

给教练的建议

　　令人惊讶的是，我曾经带过的、进入国家青年队的球员也会犯这种错误，所以不要以为你的球员可以幸免。除了简单明了地将这个概念解释给球员听外，我还没有想出更好的方式来教会他们这一点。如果我们能够录下这样的一个例子（时不时这样的机会就会冒出来），我肯定会向球员指出来。关键是要教导你的球员如何靠自己去判断球的线路。如果他们对此有了信心，就不太可能再被对方的前锋"拐跑"了。

30

读懂他的眼神

假设有一名对手正在控球，而且很明显，他接下来的动作就是传球，但你却不知道他会传给他的哪一位队友。其实很多时候，如果你能够了解他的注视方向，你就能够快速准确地判断出他的意图。

我可以说绝大多数的大学联赛球员都会无意中透露出他们的传球意图。有些人的传球意图非常明显，明显得甚至有些夸张。他们的眼睛直直地盯着目标球员，他们在传球时摆开的架势也使他们的意图昭然若揭。有些球员的传球意图相对比较隐蔽，但是如果你知道该往哪里看的话，还是能够读懂他的意图的。

几乎每名球员在传球的时候目光都会转向球，而最关键的是注意他低头看球之前所注视的位置。大多数球员传球之前的最后一眼都会看向他们打算传球的地方。如果你观察他们的眼睛，并做出相应的姿势调整，你会发现自己经常会在正确的时间出现在正确的地点，并成功地完成对传球的拦截。

有些守门员在扑点球的时候也经常会用到这个技巧，他们会观察主罚球员的眼睛。球员在接近球之前最后注视的地方就是守门员所判断出的方位。

大多数球员，虽然进入到了大学联赛中，却对这个最基本的概念一无所知。而能掌握这一点的球员总能表现得十分老辣，看上去就像个专家。一次比赛结束后，对方教练称赞了我的中后卫，称赞她"阅读"比赛的能力非常强，因为她抢断了很多传球。当然，她看起来是能够"阅读"比赛，但事实上她只是在读对方球员的眼神。

我很喜欢"读懂比赛"这个表达。有些球员好像天生就对比赛有着一种感觉，那是一种其他球员永远都培养不出的天赋才能。好吧，这也许有些道理，但有一个事实是，任何能够"阅读"比赛的球员都能够读懂控球球员的肢体语言，包括他的眼神。而这种能力的具备绝非偶然。

聪明的球员会习惯性地暗中观察控球球员的眼神，寻找哪怕是可以让自己提前半步的先机。这就是为什么他们似乎总能在正确的时间出现在正确的地点把球拦截下来的原因。聪明的球员并没有什么超能力，他们只是知道往哪里看罢了。

既然我们已经知道了这一点，那么反之亦然，因为当你是控球球员的时候，你的对手也会试图读取你的眼神，然后提前拦截你的传球。

优秀球员和伟大球员之间的显著差别之一就在于，伟大球员会掩饰他们的传球意图。真见鬼，他们会掩饰一切。他们掩饰停球的部位，掩饰带球的方向。他们会摆好架势假装用头顶球，而实际上他们却用胸部把球停下来。伟大球员简直就是一个骗术高手。

为了达到更高的水平，有件事是你不能做的，那就是把球送到对手那里，尤其是在你并没有受到对手紧逼的时候。我们把那称之为廉价的转让。聪明的对手会试图通过观察你的眼神获得一些信息，所以你得学会掩饰你的传球意图，掌握盲传球的技巧（声东击西）。如果你要传球到你的右边，确保你的最后一眼看向左边。无论何时，你都要很精明地用外脚背传球，这样你就不必改变身体的姿势，并能掩饰你的传球意图。

给教练的建议

本章讲述了防守方面的另一个技巧，我还没有想出最佳的教学方式，希望大家登陆网址 www.soccerpoet.com 多提宝贵意见。教授球员掩饰传球意图比较容易一些，我会在个人或者小组训练课上让球员们在没有压力的情况下反复练习盲传球这一技巧。

31

接球前的假动作

　　这是一种简单的技巧，但如果你不把它运用到比赛中，你的技术很难得到提高。每个球员都知道在控球时做假动作的重要性，而接球前的假动作就是在球到达你的脚下之前，你为了接应球而做出的假动作。

　　有一个常见的例子。中后卫将球横向传给左后卫，同时对方的中锋追着球向左后卫冲过去。左后卫想把球停到自己身体的外侧并随后把球沿边线向前传出去。问题在于，他是否能够在对方前锋到达并破坏他的传球之前完成这个动作。

　　有一种办法能让左后卫为自己多争取到半秒钟的时间，那就是做一个接球前的假动作——迎球向中后卫的方向做出急推的动作，就好像他要通过一脚出球把球回传给中后卫一样。这个动作能够（并且经常会）让追逐的前锋心生犹豫。而接球前做假动作争取来的这额外的半秒钟可能就是左后卫能否把球成功传出去的关键。

　　前面一章提到过，聪明的球员有善于欺骗的才能。他们总是能把对手骗到与自己目标方向相反的方向上。接球前的假动作就是这种能力的重要体现。

　　你能够很熟练地用脚外侧带球转身吗？如果能，你就试试在接到球之前用一个小小的肩膀假动作来误导你的对手吧。当你用上假动作之后，你所做的一切就会变得更加有成效。

　　足球教练普遍认为，总体上来说，速度快的球员不是聪明的球员。从青少年一直到成年，速度快的球员总是用速度解决球场上遇到的问题，他们因为速度快而用不着去努力提高自己的技术能力。特别是在年纪小的时候，在速度方面的天赋让他们疏于培养比赛中所需的其他重要的能力。相反，速度慢的球员——靠速度无法取胜的球员——只能靠技术和假动作来解决遇到的问题。这就是为什么速度慢的球员随着年龄的增长，其技术和假动作往往会更出众的原因之一。

　　做假动作是踢足球的必备技能。每一位球员都要有这种可以用来摆脱一对一防守的能力。虽然并不是每一名球员都必须成为一对一时的过人高手，但每一位球员都需要有运用假动作来争取时间和空间并摆脱对手的能力。接球前做假动作是一种需要运用到比赛中的简单技巧。如果欠缺这种能力，你一定要设法获得它。

给教练的建议

　　我们有几种不同的训练方法可以帮助你掌握这个概念。有时候使用原地传球训练，队员之间间隔20米，反复练习，这样球员就能从技术的角度掌握窍门。如果我在进行四后卫转移球的训练，我会要求每一名球员在接球并传球给下一位球员之前做接球前的假动作。我们偶尔也会在控球训练中要求球员做出接球前的假动作。如果一名球员没有在接球前做出假动作，那么他的队就交出球权。这种方式可能使训练出现短暂的混乱，但是能迫使你的球员提高技术。

32

"非危险动作"

我们都经历过这种情况：一名对手摔倒在球上，你停在他身边，等待裁判因为出现危险动作而吹停比赛。然而，对手却站了起来，继续控球，而且哨声并没有吹响。

是的，这很令人气愤，但是除非真的很危险，否则很多裁判都不愿意吹停比赛，所以你必须要让形势看上去很危险，让裁判不得不吹哨。

免责声明：本章的剩余部分绝不以任何形式或方式暗示、建议或是表明你应该故意造成对手的痛苦或受伤。事实上，这个概念的目的在于让裁判吹哨，但要确保你的对手不受伤害。

好吧，回归主题。怎么让裁判吹响那个哨呢？让他确信躺在地上的球员可能会发生危险。怎么做？很简单。

一旦你的对手倒在球上，你就立即连续地用脚尖捅球。没有必要抡起腿发力猛踢——千万不能！你只须尽可能地贴近倒在地上的对手的身体，脚拖在地上，一直捅，捅，捅。记住，你的目的是给裁判制造存在危险的假象，而不是要真的制造危险。如果球在你的对手身下，你应该把脚伸到他的身下，但脚尖一定不要碰到他的身体。

好了，现在躺在地上的球员可能会因为你的挑衅行为而有点恼怒，对方的球迷也为此疯狂了大概 10 秒钟，尤其是当裁判判给你们任意球的时候，这名对方球员肯定会很恼火，但无论如何，这样做确保了裁判把球判给你们。

给教练的建议

　　我还没有关于训练这个技巧的好方式。你就演示给你的球员看吧，但愿在场上出现这种情况的时候他们会记得这个技巧。

33

点球的防守

我曾在全美大学校际体育协会下属的一所小学校执教过两年。我们有一次主场迎战来自东南联盟的路易斯安那州立大学队。很自然地，我们极其不被看好。但你万万没有想到，我们的表现出乎所有人的预料。离比赛结束还有 9 分钟的时候，比分依然是 0∶0。就在我们即将创造大学足球史上最大的冷门时，难以置信的事发生了——裁判判给了路易斯安那州立大学队一个点球。

裁判的哨声打破了我们美好的幻想，所有球员的失望之情溢于言表。这对我们无疑是个灾难。

路易斯安那州立大学队的球员走上前去主罚点球。他大力射门，球直奔守门员右侧的网窝。但我们有一位非常优秀的守门员，他猜对了方向，并充分伸展自己的身体，用一只手把球挡到了球网之外。但是球反弹回来落到了球门的前方。

你可以在那场比赛的录像里看到，当我们的守门员把球扑出来的时候，他的三名队友已经在欢欣雀跃地庆祝了，比自己进球还开心。问题是，我们队没有一个人冲上去把反弹回来的球踢走。路易斯安那州立大学的一名进攻球员首先得到了球，从 6 米远的位置射门得分。

当你的球队被判罚点球的时候，你首先要做的就是假设你们的守门员会把点球扑出来。并且如果他真的扑出了点球，你要明白这是他唯一能做的，你不能要求守门员在扑出点球以后连续完成扑救。如果所有队友都不屑于去积极拼抢第二点，那么守门员的成功扑救就毫无意义了。

裁判判罚点球后的 5 秒钟极为重要。此时大多数球员都会分神，进攻方会为本队的幸运感到庆幸，防守方则会为自己球队的不幸而叹息。

但你得保持注意力集中，并充分利用这 5 秒钟的窗口期处理好你手上现有的牌。一听到哨声，你要立刻跑去占据可能得到反弹球的最佳位置。抢占最好的地盘——禁区弧和禁区连接的位置——不要让任何人把你从这里推开。处在这两个位置的球员可以获得保护任何回落在球门前方的反弹球的最短路径。一旦你占好了最佳位置，你要假设会出现反弹球，然后在射手射门的一瞬间，立即朝球门冲刺过去，保护被守门员扑出来的球。

大多数点球都会被打进，但有些不会。当好运微笑着向你招手的时候，你得把握机会。聪明的球员会为自己抓住每一次取胜的机会，哪怕是只存在极小的可能性都不会放过。他们会时刻做好应对反弹球的准备并让自己处于能够在第一时间拿到反弹球的最佳位置。你也应该这样做。如果反弹球没有出现，你预测失误了，那又怎样呢？但如果你的判断准确，你就有机会成为球队的英雄。

给教练的建议

在佐治亚大学 2010 年季前赛的一场比赛中，我们经历了极其相似的一幕。我们的守门员奋力扑出了点球，而他的队友却并没有努力地去保护被他扑出来的球，最终致使对手轻松地进球。比赛刚刚结束，我们就立刻讨论了"一次扑救"的概念。在第二天的训练中，我们回顾了防守点球时的站位，并现场排练了几次点球的防守。那个赛季接下来的比赛中，我们被吹罚三次点球，却没有让对手打进一个。这再次证明了点球不是必进的，而为保护扑出来的点球做好准备是值得的。

34

防守常识

诚实回答我的问题——你的非惯用脚好使吗？如果你的左脚和右脚一样灵巧，那么你就是那些以此为傲的为数不多的球员之一。几乎每位球员在踢球的时候都更擅长用惯用的那只脚处理球，只有极少数球员能做到两只脚都很娴熟地处理球。

你面对的对手很可能也是偏爱用某一只脚处理球，你首先要做的就是找出他惯用的那只脚。接下来你的任务就是迫使他用不擅长的那只脚处理球。这样做给你带来的好处多到如何夸大都不为过。

我要求我的队员在比赛开始后的 5 分钟内找出对方前锋的惯用脚，越快越好。同样也要找出对方中前卫的惯用脚。如果一个惯用右脚的球员在控球，并打算向前方传球，我们就要迫使他用左脚完成这个工作；如果他要射门，我们就迫使他用左脚击球。有相当多的球员在球没有被调整到自己的惯用脚一边之前是不会射门的。

我是作为前锋进入大学足球队的，但是很快就被转为边后卫，这把我完全搞懵了，因为我之前从来没有踢过哪怕是一分钟的后卫。我们第一场比赛开始之前教练叫我尽可能地迫使我的对手用他的非惯用脚，我按照他说的做了。这招真管用——效果比我想象的还要好。我记得当时禁不住问自己："当后卫就这么简单吗？"在第二场、第三场和第四场比赛中，这招都很有效。事实上，它从未失效过。这个方法太有用了，以至于每场比赛开始后，找出对手的惯用脚成了我的首要任务——找到他的惯用脚，并迫使他用不了那只脚。我意识到，当你使他们的惯用脚无法发挥作用时，他们中的很多球员就完全不知道该如何踢球了。我感觉自己就像无意中发现了一罐黄金一样。防守对手最简单的方法就是让他用非惯用脚处理球。为什么以前没有人告诉过我呢？

令人吃惊的是，很多球员在他们无法使用惯用脚的时候会陷入"瘫痪"的状态。所以他们会想尽一切办法把球调整到惯用脚那一边。如果你能阻止他们使用惯用脚，你就可以完全压制住他们，这可是件好事。如果他想要过掉你，就让他用自己的那只非惯用脚试试吧。

给教练的建议

此方法不仅简单易行，而且效果特别好。让你的球员养成找出对手的非惯用脚并阻止对手使用惯用脚的习惯。

35

我的球，你的球，他们的球

2001 年，我入手了第一套房子。这是一栋距海边只有一个街区的冲浪小屋。我对它的大小很满意，并且因为终于有了一个属于自己的地方，我非常激动。卧室的地板是用精美、乌黑的硬木做的。漂亮的地板迫切需要一块装饰地毯，所以我打算去物色一块。问题在于，我对装饰毫无鉴赏力，对于什么样的地毯铺在地上好看这个问题也没有任何头绪。我不知道考察了多少张地毯，但肯定比我原先计划要看的多得多。我会看着一块地毯想，这还不错，并且考虑买下；然后我又看到了另一块，想着它可能比之前那块更好；接着，几分钟以后我又找到了一块更喜欢的，或许并没有那么喜欢。我永远都在摇摆不定。这种情况在无休止地持续——看了一块又一块的地毯，进了一家又一家的商店。很多地毯我都喜欢，但我总是在付钱的时候犹豫不决，因为我对自己的品位缺乏自信。我总害怕接下来会马上找到一块比刚买的那一块更好的地毯。我不想找来找去最终买到的却是第二好的，所以我的地板在接下来的 5 年里一直保持裸露。

这跟足球有什么关系呢？

我很高兴你这样问。

现在有个球落在你和另一名队友之间，你们中的任何一人都可以轻松地处理这个球，所以你决定采取行动。可是你在动身前又开始重新考虑你的决定。是的，你可以去处理这个球，但你的队友身处的位置有利于他做一些更有成效的事。所以你决定让他去处理。问题就在于，他也经历了同样的思考过程并决定让你去处理。你们两个都不想做达不到最好效果的事情，并且你们都没有担负起交流信息的责任。正是因为你们的犹豫不决和缺乏沟通，使你们什么也没有做，而球被对手拿到了。你们就像那裸露的地板一样，什么都没有得到。

第二好的事情永远要优于第三好的。果断决策很重要，并且越早越好。即使你的决定对你的球队来说只是第二选择，但总比使你们队丢掉球权要好。不要害怕别人说你独断，不要养成把责任推卸给队友的习惯。如果你能够尽快做出一个较好的决定，并且大声地、清楚地把你的意图传达给你的队友，那么这是非常好的事情。

给教练的建议

你会经常看见这样一个场景——一名中场球员向着己方的一名后卫追球，其身后跟着一个对方的防守球员。此时，中场球员唯一的选择就是横向带球摆脱对手，而本方防守球员有机会向前传球。这时，通常两名球员会撞在一起，或者防守球员踢解围球的时候会把球重重地踢到队友身上。很显然二者都不是很好的选择。为此类情形设置一条规则是一个不错的解决方案，即面向前方的球员负责处理球。

36

边锋接球斜插禁区

本章讲述的是触球——一次简单却至关重要的触球，通常决定着你们队能否创造出一次进球机会。

我所指的是一名处于阵型两边位置的球员，通常是 4-3-3 阵型的边锋。他正在控球，并且已经领先边后卫一步。他的下一次触球决定着一切，但是在那个关键的时刻，许多球员都会把事情搞砸。

如果进攻球员的下一次触球能使球与球门间形成一定的角度，那么他就会处于防守球员和球门之间，实际上就是摆脱了防守球员。这个斜向的触球迫使防守球员不得不做出一个艰难的选择：放弃或是犯规。可是，如果那次触球是向着正前方的话，进攻球员就不能把防守球员挡在身后，而防守球员就获得了一个回撤追球的角度。尽管事情很清楚，但在这种情况下，仍选择向着正前方触球的球员多得让人吃惊。

如果你有机会接球斜插禁区，一定要抓住这个机会！这可能需要一些胆量和勇气，但是你一定可以做到，因为这个险很值得你去冒。首先，你也许可以直接晃进小禁区并且射门得分，我曾见到过这种情况发生。如果你在大禁区里接球斜插，你可能会获得一个点球，我同样见过这种情况发生。但即使不是上述两种情况，接球斜插禁区也会给防守球员带来各种麻烦。不出意外的话，你一定能够很轻松地把球传出去。这还只是开始，真正的喜悦来自于用这样的一次触球把整个防线击垮。

当你接球斜插禁区时，你要么过掉那名边后卫，要么迫使他犯规。如果他对你犯规，你们将获得一个位置有利的任意球，并且可以让对手获得一张黄牌。但如果他没有对你犯规，而你干脆利落地晃过了他，这时真正精彩的部分开始了。因为这相当于对方的防线已经失去了一名球员，意味着其他的防守球员必须重新调整防守阵型。如果第二名防守球员或者协防球员正在盯防你的一个队友，那么此时他必须放弃他所盯防的人来对付你。相应的，第三名防守球员也不得不放弃他的目标来盯防原本由第二名防守球员防守的对手。第四名防守球员也不得不做同样的事情，转而去盯住本该由第三名防守球员防守的对象。所有的这些转换对防守球员来说都是极大的挑战，除此之外还可能导致出现危险的空当和无人盯防的进攻者，这一切都是因为你把触球的方向朝向了球门。

在足球比赛里这样关键的触球机会并不是随时都会有的。很多时候边锋不是先把对方的边后卫挡在身后，而是朝着底线径直奔去，并在底线附近盲目地把球传出来，希望取得好的效果。可很多时候他甚至连把球传出来都做不到，因为防守球员已经快速回位，并完全可以拦截这个传球。

让我从另一个角度来阐述我的观点。如果你没有接球斜插禁区，防守球员会对你感激不尽，因为他已经为自己争取到了 1 秒钟的时间来回追。如果你不能把他挡在身后，那你就是帮了他的大忙。

不要害怕接球斜插禁区，也不要害怕在那种情形下被犯规。你可能在一场比赛里只有一次这样的机会。当机会真的来临的时候，你一定要分秒必争。

我再次强调这个观点。当我在外面招募新人的时候，一名边锋以咄咄逼人地接球斜插禁区过掉了防守球员，冲向球门，我看到后立刻精神为之一振。因为很少有球员有这种接球斜插禁区的意识，所以当我发现一个有这种意识的球员时，我就会给予高度的关注。

给教练的建议

很多时候，球员缺少的是接球斜插禁区的意识，而不是知识。这种意识的缺乏会妨碍你的边锋队员完成接球斜插禁区，因为他知道这样做会惹得防守球员对他犯规。你必须说服他接球斜插禁区。图 36.1 所示的就是用来培养这种意识的极好的方式。

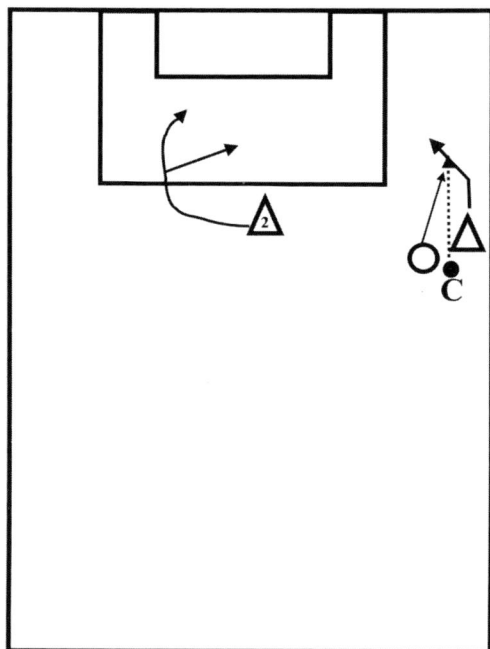

图 36.1　接球斜插禁区。攻击球员刚开始时在边线位置，并且已经领先了对方边后卫 1 米。教练传球到他和对方的边后卫之间，他要做的就是通过一次强有力的触球过掉边后卫，然后再把球传给拍马赶到后门柱或者点球点的本方 2 号进攻球员。点线箭头表示传球线路，实线箭头表示无球队员的跑位

37

直捣黄龙

在上一章中，我们讨论了边锋跑到对方后卫后方，然后接球斜插禁区。但是，在接球斜插禁区之前，你不必每次都跑到对方防守球员后方去。

有时候，一名边前卫或是边后卫在得球时，其前方会有一片开阔地带。下一个有机会上来拦截他的可能是对方四后卫中的一个。往往控球球员会径直沿着边线向前运球，因为在这条路线上受到的阻力最小。不幸的是，这条路线为对手制造出的麻烦也是最小的。最终，对方的边后卫或者中后卫会上前拦截你并将你逼向边线，同时另外三名防守球员能够很容易地保持防守队形来保护球门。无论是球还是你的队友都处在对方的四名防守球员的视线之内，而这正是防守指南中所强调的、防守球员必须做到的事情。为了摧毁这样一条强大的防线，你需要做比之前更多的工作。

然而，如果你一接到球就冲向对手防守的核心区域，那么对对手来说，事情就变得麻烦多了。

记住，当你迫使对方防守球员互相交流并做决定的时候，你就给对手制造了最大的麻烦。带球直冲禁区，你立刻就能迫使对方的边后卫和中后卫做出由谁上前来拦截你的决定。这是他们在迫不得已的情况下做出的最简单的决定，而且他们可能有 50% 的几率会犯错。最典型的情况是，他们在做决定时犹豫不决，然后两人要么同时上抢，要么同时后撤。无论哪种情况，他们都出问题了。

从此刻开始，他们的情况就只能更糟了。

即使对手防线组织得很好，他们能够快速做出由中后卫来拦截带球突破的进攻球员的决断，也会使他和他的队友之间露出空当。其他的防守球员不得不考虑如何来弥补这个空当，同时他们还要防住其他准备接球的、正向前冲的进攻方球员。调动对方的中后卫就像是在国际象棋比赛中迫使对手移动他的王棋一样——其他的每粒棋子都不得不随之做出相应的调整。现在，你正在迫使防守球员们进行沟通并做决定。哪怕是一点点最轻微的失误都可能导致他们的防守出现一个缺口，使得防线很容易被撕开。此外，当你带球冲向对方防线的核心地带时，对方的边后卫也一定会回撤去保护自己的球门，这会给你的队友在两翼留下宽阔的空间以发起进攻。

这个概念听起来比较复杂，但实际操作起来会简单得多。图 37.1 可以帮助我表明我的观点。或者你就干脆相信我，并记住这条建议：当你在对方四个后卫前面发现了空当时，你就把球径直带向禁区直捣球门，好事情会随之而来的。

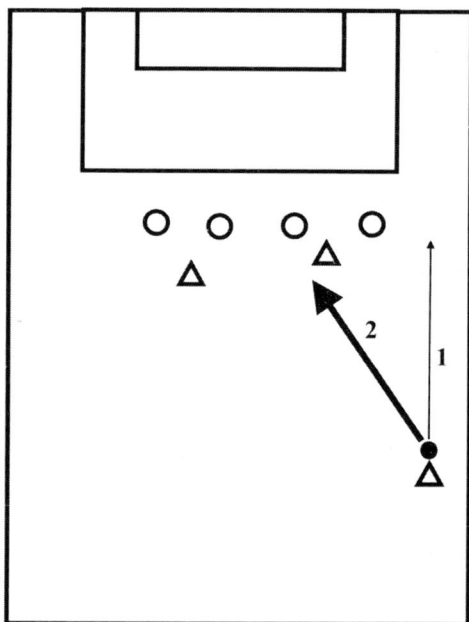

图 37.1　如果控球球员选择 1 号线路，笔直沿边线带球前进，那么进攻线路很容易被预测，对手也能非常轻松地保持住他们的防守阵型。如果进攻球员选择了 2 号线路并直插入对方防线的中心位置，防守球员就不得不上前封堵可能出现的射门，同时还要兼顾填补防线的空当，以及防守趁机插上的进攻球员。这将迫使防守球员进行沟通并做出决定

给教练的建议

　　帮助球员掌握这个概念的一种很好的训练方式是三对二加守门员的练习。划出一块 40 米 ×30 米的场地，球门设在端线处。在一侧球门处，防守球员各就各位。三名进攻球员在另一侧底线一字排开，边路进攻球员站在本方角球区。防守球员把球发给进攻球员，比赛开始。

38

制造点球

在男足和女足之间存在一种十分有趣的现象。在男子比赛中，一名进攻球员在带球突入对方禁区后，只要对手伸脚，即使没有任何身体接触，他也会"噗通"一声倒在地上，就像奥运会的跳水运动员从高台上跳下来那样。

而女足球员则容易走向另一个极端，与男球员的表现一样糟糕（只是不应受到同样的谴责）。即使在已经发生了足够的身体接触，有了充分的理由判罚点球的时候，大多数女性球员仍会像疯子一样继续战斗，坚持不倒地。这可是帮了裁判的大忙了。

从技术的角度来讲，你并不需要用摔倒来获得点球。但是在现实世界里，如果你不摔倒，裁判是不会判罚点球的。裁判并不喜欢在第一时间就判罚点球。如果你没有倒地，这就相当于帮裁判轻松地解决了他工作中最困难的部分。

当你在禁区内被犯规的时候，千万不能逞英雄，你要听从身体的呼唤顺势倒下。为什么不倒下呢？对手的犯规使你失去平衡从而失去了射门得分的机会，他们是罪有应得。如果你在对手的禁区内被犯规，你就麻利儿地倒地然后去踢点球吧。

给教练的建议

我从来不教导我的球员假装倒地骗点球，你也不应该。但从另一方面来说,你也不是在做慈善。当点球合情合理地出现的时候,你们也应当心安理得地去接受。本章的内容值得你和你的进攻队员们进行一场讨论，因为总有一天你们会因此而赢得比赛的。

39

不要浪射

在佐治亚大学的 2010 赛季中，我向队员们讲述了并在训练中落实了我将在本章中讨论的一个概念，这成了我们队在那个赛季中一个重要的转折点。它给我们带来了深刻的影响，所以我决定把它传授给我带的每一支球队。

在球场上，我们队几乎每一场比赛都占据着主导地位，但是我们习惯性地在临门一脚时出现问题，因此难以赢得比赛。在我们进入前场的时候，我们没有耐心了，也缺乏纪律性。有的时候，我们长时间的压制对手，一切都进行得很顺利。我们沿左路发动进攻，再转回来，转移到右边，尝试从右路继续进攻。我们有条不紊地扯动对手的防线，希望找出一个突破口。对手不得不被动地跟着我们跑动，无论是他们的身体还是精神都已经疲惫不堪，他们已经组织不起有效的防守阵型，而我们与破门得分的机会已是近在咫尺了。

可是，就在此时，不可避免地，我们的一名队员丧失了耐心，他在身体还没站稳的情况下就从 30 米外射出一记成功率很低的远射。这个不负责任的远射要么偏出球门，要么被对方守门员很轻松地拿到，但结果都是使我们前面所有的努力瞬间化为乌有。有时我们的队员也会尝试从一个不可能取得成功的位置进行射门，结果球远远地偏离了门柱。实际上，这无异于我们拱手把球权交给了对手，原因就是我们中的某个人觉得我们太久没有射门了所以胡乱射了一脚。这让大家都感到很沮丧，因为随着比赛的推进，我们完全击垮了对手，却只能收获 0:0 的平局。

聪明的球员都很理性。他们不会去完成毫无威胁的射门，因为这只能让对手摆脱困境。你从 35 米外射进过多少球？你从 35 米外用非惯用脚射进了多少球？你从 35 米外用非惯用脚在身体失衡的情况下射进过多少球？如果你很少能从 35 米以外进球，如果你在过去的三年里都没有射进过这样的球，那么你就应该把这个选项从你的菜单里删除。

你需要了解不切实际的射门给全队带来的危害，你需要明白这样做对大局的影响。如果在对手毫无还手之力的时候你因为不理智的射门而把球权拱手相让，那么你怎么能赢得比赛呢？

另一种常见的、与上面所阐述的内容类似的情况是不切实际的接传中球头球攻门。一个球被传到对方的禁区，那仅仅是为己方提供了一个潜在的进球机会。你在接传中球之前的抉择将决定这个潜在的可能能否转化为现实。

很多时候，即使没有机会去发力顶这个头球，进攻队员还是会用头球攻门，他并不管进球的概率有多低。他此时的射门对对方的守门员来说毫无挑战性，只能是葬送了本队所创造的进球机会。

如果你跑到了后门柱，而这个传中球太靠后，那么你就不得不回撤才能抢到头球，但此时你是很难破门的；如果传球速度比较慢而且你离球门有 16 米远，你同样很难破门。此时如果你选择 B 计划，我就会像见到你进了球一样高兴。如果进球的概率不大，就不要射门，不要毁了大家的努力。你在此时更好的选择是保持进攻的态势，从而给队友创造更可行的进球机会，而不是顶出一个软弱无力的头球攻门，或者从一个不可能取得成功的位置射门。你要把球用头球摆渡给队友，或者摆渡到小禁区前沿或点球点附近，因为这样的位置足以对对方构成威胁。

这不只是头球的问题，它事关一切。不管你有什么样的选择，如果你打算射门，你一定要确保拥有实实在在的得分机会。当然，不必非要获得一个不需要动脑筋就可以轻松进球的时机。出于同样的原因，你也不应该踢出没有神助就无法进球的射门。请面对现实、持有耐心、保持纪律性。否则的话，你就是在拱手把球让给对手，来让对手轻松摆脱困境。

给教练的建议

当我们在佐治亚大学队解决了这个问题之后，不可思议的事情发生了。虽然我们每场比赛的射门次数下降，但进球率却得到了明显地提升。在此之前，我们每场比赛完成 27 次射门，但一球未进；现在每场比赛我们射门 17 次，进球数是 3。我们保持进攻的态势，并把球控制在脚下，让对手筋疲力尽。因为对手开球门球的次数减少了，所以他们利用球门球来调整自己的机会也随之减少了。由于他们的守门员处理球的机会更少了，所以也没有时间去调整自己。如果你的队伍主宰了比赛，却不能赢得比赛，那你需要好好看看本章所讨论的这个话题。

40

界外球并不是最佳选择

在对手施加的防守压力不大的情况下，如果给你机会选择，你是选择把球控制在脚下，还是选择把球让出边线来使自己的队获得一个界外球？把球控制在脚下才是最好的选择。

掷界外球时，你的选择余地很小，只能被局限在掷球手的掷球范围之内，因而很容易被对手压制在很小的活动范围内。最重要的是，掷界外球只有 50% 的成功率，很容易导致本方失去球权。从这个角度看，攻守双方得到界外球的几率是五五开的。想要在本方的防守区把界外球控制住，无异于想在光天化日之下组织一场越狱。这不是可能与不可能的问题，而是你很有可能被对手断球，从而让对手成功射门。

当然，在你面临对手的紧逼防守时，或者是你想在领先时拖延时间时，或者是球在你们的前场进攻区，而且你们队有一个掷球掷得很远，足以直接创造出射门得分机会的掷球手时，你就不得不把球让出边线。是的，会有一些特殊情况。但一般情况下，如果没有明显的好处，你还是要保持控球，此时用脚控制球的移动会比较稳妥。这样你将会有更多的选择，并有助于球队把球控制在脚下。而且，几乎每名球员用脚踢出的球都比其用手掷出的要远得多，所以如果没有其他的影响因素，把球控制在脚下更有助于你摆脱防守的压力，因为你可以在必要的时候用脚大力解围。

给教练的建议

我不明白为什么那么多球员不懂这个概念，不明白为什么他们会觉得掷界外球更有利。但是我知道，聪明的球员明白何时该让球滚出边线，何时该把球控制在脚下。

41

抓住补射机会

任何一名我训练过的球员都会告诉你，我是一个对补射非常看重的怪人。但是，我不明白为什么没有其他的球员或教练愿意接受这个理念。

在最高级别的男足比赛中，很多得分都来自于补射。事实上，补射为 2010 年美国队的世界杯之旅带来了最激动人心的一幕。兰登·多诺万（Landon Donovan）以第 90 分钟的进球击败了阿尔及利亚队，这个进球就来自于一个简单的补射。在男足比赛中经常会出现守门员将球扑出的情况，但实际上在女足比赛中这种情况出现得更多。

女足和男足使用同样尺寸的球门，但是女足守门员通常没有男足守门员那么高，其手臂也没有男足守门员那么长。这意味着男足守门员能够扑住的射门，女足守门员可能只能够触碰到球而已。男足和女足使用同样尺寸的足球，但是女足守门员的手更小，因而更容易造成扑球脱手，形成反弹球。此外，球门处除了守门员之外，还有球门柱和球门横梁，大多数的射门会射在球门柱或者横梁上，然后反弹后落到球门前。我的观点是，反弹球确实存在，而且经常出现，所以聪明的球员要能够把它们转变成进球。

要抓住补射的机会很简单：预计它们的出现。大多数球员没能抓住补射机会的原因是，他们总是等到反弹球出现后才开始行动，他们没有预见性。

当进攻队员射门的时候，通常会有至少一名防守球员站在进攻球员和球门之间。当射门被守门员扑出的时候，防守球员通常会因为位置关系而先于进攻队员得到球。要想成功地抓住补射的机会，你首先必须使这个防守球员失去位置上的优势。这需要你做到两件事情，你必须要判断出队友什么时候会射门，当队友射门的时候，你必须要快速冲向球门。

就这么简单。要使防守球员失去位置上的优势，你必须在反弹球还没有出现之前就采取行动。你必须要冲向球门，并假设会有反弹球出现，这是最关键的。绝大多数的进攻球员对补射都没有预见性，他们会等到反弹球出现后才做出反应，但那个时候已经晚了。聪明的前锋懂得在队友射门的时候就开始向前冲。即使只是为了以防万一也要这样做。

2011 年，我们佐治亚大学队迎战斗志昂扬并且非常努力的摩斯大学队，并打成 1∶1 的平局。摩斯队在前 45 分钟把我们打得很狼狈，但在中场休息之后我们重新夺回了主动权。我们在下半场与摩斯队的射门次数比是 15∶5，但是我们却没办法将球踢进网窝。所以 90 分钟常规赛结束后，比赛进入"金球制胜"的加时阶段。对我们来说，那真的是一个非常令人头疼的夜晚，因为一旦输给摩斯队我们就很可能会丧失进入全美大学体育协会锦标赛的机会。我们无法承受输掉比赛或者打平的结果。毫无疑问，这是一场必须赢的比赛。

在第一个加时赛的第 9 分钟，我们的中锋阿什利·米勒（Ashley Miller）从 18 米远的位置射门，球被封堵了。球弹回至杰米·波洛克（Jamie Pollock）脚下，他闪过一名防守球员获得了空当并射门。守门员鱼跃救球后球沿球门线滚动，我们的左边锋莱克斯·纽菲尔德（Lex Newfield）顺势将球推入空门。莱克斯的进球非常简单，但是他在进这个球之前所做的工作是非常出色的，展现出了一位反弹球猎手的本色。

每一个观看比赛的人都看到了莱克斯紧随波洛克的射门而冲刺。但可能没有人注意到，其实当米勒准备射门的时候，莱克斯就开始向球门方向跑动了。当米勒的射门被拦截后，莱克斯迅速转身回到不越位的位置，当波洛克准备射门时他又立即转身冲向球门。当莱克斯跑到球旁边的时候，他周围没有一个防守球员——他们所有人都停了下来观看守门员救球。因为莱克斯预料到了一个可能出现的反弹球（实际上出现了两次！），所以他打进了决胜的一球并在 1500 名极度兴奋的粉丝面前成为英雄。

为了这个可能出现的补射机会而跑六七米远难道不值得吗？即使只是为了以防万一也要这样做。

我写了一本书，书名为《那些因为你是女生所以教练不会告诉你的事》（*Everything Your Coach Never Told You Because You're A Girl*），书中我详细地介绍了一支非常擅长补射得分的队伍。他们补射得分的能力是如此之强，以至于随着这种威名的流传，使对方的守门员在比赛还没有开始的时候就已经惊慌到不知所措了。那些守门员知道，如果他们没有扑住每一次射门，他们将会受到惩罚。而且足够讽刺的是，那种惊慌的心态事实上导致了更多的扑球脱手、更多的补射和更多的失分。

我训练过的最好的守门员之一——一名获得公认的已入选全美最佳阵容的优秀守门员——肯定了我对补射的态度。他说补射会造成良性循环——你补射的次数越多，它们出现的机会就越大。因为当对手的前锋对守门员施加压力时，守门员会变得更紧张。他说的对。

成为狂热的补射猎手吧。在足球比赛中，再没有其他事情能够像补射这样能使你以如此少的付出得到如此丰厚的回报了。补射能够决定比赛的胜负。

给教练的建议

补射跟才能无关，它是一种头脑意识，它给予那些普通球员一个改变比赛结果的机会。我喜欢安排我的队员用小场比赛的方式来培养这种意识。在这种比赛中，补射进球得两分，而其他形式的进球只得一分。

42

诱骗对方后卫

在前面的章节中，我们已经讨论过拖后的防守球员不能失球的重要性。如果那个概念重要到需要用一个章节来讲述的话，那么与它对立的概念也同样重要。我先给你举个普通的例子。

A队大脚解围，球从空中飞向B队的中后卫，这名中后卫可以选择把球停下来，也可以选择用头把球顶回去，或者选择凌空把来球踢回去。他的决定将取决于对方前锋对他的逼迫程度。典型的情况是，对方前锋冲上来对中后卫进行干扰，使得中后卫别无他法，只能选择解围。这名前锋的奋力拼抢是值得赞扬的，但是他这样做不会带给本队任何实际的好处。让我来为你提供一个更好的选择。

如果你是那名前锋，你需要判断自己是否有足够的时间跑向那名中后卫并在他之前把球抢下来，或者至少能破坏他的解围。如果你觉得可以做到，那么就加速冲过去完成这项任务！如果不能做到，你或许能够给他设个陷阱。不要冲向那名中后卫，迫使他在惊慌之中选择大脚解围，而是要在他前方七八米远的地方停住，给他一个能够把球留下来的错觉。一旦他选择了一脚解围以外的其他方式处理球，你就有了从他那里抢到球并突破整条防线的机会。

要想达到目的，有两个关键点。首先，你要成为一个好演员。你要麻痹防守球员，使他产生一种盲目的自信。你要使他相信，他有足够的时间来处理球，让他觉得自己可以很轻松地把球控制在脚下。否则他会大脚解围，让你没有机会。

第二点是提高你阅读防守球员身体语言的能力。在球到达他所在的位置之前的那一刻，他的身体语言会透露出他的意图。就在你意识到他没有选择在第一时间解围的那一刻，你要立即向他冲过去，并动用一切手段让他感到惊慌，让他感受到你的势在必得，从而致使他的第一次触球出现问题。他需要仔细考虑你正位于他的前方活动这一状况。如果他稍有不慎，第一次触球没处理好，那么你就可以从中获利了。

这总会管用吗？不见得。至少不会每次都管用。有时候，防守球员会不管三七二十一地选择大脚解围。其他时候，他可能仍然能够把球停下来并处理掉，使你什么都做不了。但是这都没关系，这种做法的精妙之处体现在风险与回报的比例上，因为对你来说这么做永远都不存在风险。通常情况下，即使你没有直接从防守球员那里把球抢来，你的行动也将会给你的队伍带来某些好处——无论如何总比让对方后卫直接大脚解围要好。你可能会迫使他完成一次糟糕的传球，或者是一次差强人意的解围，也可能会拖慢他的节奏，使他的球队处在危险的边缘。不管怎样，情况都不会比让他直接把球踢回去更糟糕。如果你运气好，从他的脚下成功地抢到了球，那么你就有了给对手制造大麻烦的机会。

给教练的建议

正如补射一样，这是另一个能使技术能力有限的前锋发挥突出作用的策略。如果能教会你的前锋如何识别对手的意图以及如何对其实施这种诱骗，你将会时常使你的对手处于被动的境地。

43

凌空球、球门球和角球中的对位防守

亲爱的守门员：

我想很清晰、很明了地和你谈谈。如果对方球队中有一名头球功夫了得的"空霸"型球员，你踢出的大脚凌空球总是被他拦截回来，并对你们形成极大的威胁，那么，停止把球踢向他那个方向。动动脑筋，调整一下。几乎所有球队里的后腰队员都是队里最擅长头球的队员之一，而你踢出的凌空球大多都是由他负责拦截的。如果中场附近只有他一个人头球比较突出，那么就不要给他机会，你要把球踢向其他方向，使球向左一点或者向右一点，或者你也可以用手把球抛给你的后卫。怎么选择我都不介意，只要你能稍微用点常识，不把球踢给那个总是让你们难受的对方球员。明白了吗？同样的道理在发球门球的时候同样适用。

在对手发角球和任意球的时候，你需要注意一对一防守时球员之间的对应问题。如果你之前读过球探的报告，你就应该用你们队中头球最厉害的队员来防守对方头球最厉害的球员；如果你没有读过这个报告，那就根据球员的身高来判断吧！不需要太准确，你只要保证不要让你的165厘米的队友去防守对方180厘米的球员就行。如果你看到一个矮个子队员在防守对方的一个高个子球员，那就调整一下。

聪明的守门员都会关注这些事情，你也应该这样做。

给教练的建议

　　大多数的守门员只在乎他们踢的空中球或者球门球可以飞多远，却很少关注球落回到地面的时候发生了什么。你需要让你的守门员去关注这些，需要对他提出明确的要求。

44

切断回传球

如果你不想把教练逼疯，就按照我接下来说的去做吧。

当你正在追抢一个来自对方两名队员之间的传球时，你一定要切断那个最开始传球的球员与接球球员之间的联系。如果不这样做，接球的队员很可能会把球直接回传给传球的队友，而你就会像猴子一样被他们来回戏耍。

当球离开对方的脚下被传出去的时候，它是沿着直线运行到队友脚下的。你的追球线路也应该顺着球的运行轨迹延伸，就好像球上有根线在牵着你向前一样。如果最开始传球的那名球员没有快速移动并调整角度来接应接球球员，那么你就成功地阻断了他接回传球的线路。这样做会减轻你面对接球球员时的压力，因为他少了一种传球的选择。如果你没有跟着球的线路跑，那么两个对手就可以一直来回地传球，而你就会像陀螺一样被遛得团团转。

不管你在球队中打什么位置，你都不得不做一些防守性的工作。当你在防守端首当其冲的时候，你至少要做好两件事，一是对持球队员进行逼抢；二是至少要切断对方的一条传球线路。你可以从切断对手回传球的线路开始。

给教练的建议

　　当我们讨论哪些位置的队员经常不按要求切断对方的回传球时，前锋首当其冲。前锋队员会努力地去追抢一个对方的左后卫传给中后卫的球，但是因为他选择的线路不好，所以中后卫只需简单地把球回传给左后卫就能使我们的前锋所有的辛苦跑动都白费，从而很轻松地摆脱了逼抢。

45

学会逆风踢球

在有风的天气比赛，你应该考虑的第一件事就是当你们逆风踢球的时候，风对你们的影响有多大，风会不会让你们的进攻变得困难，或者使你们根本就不可能发动进攻。

有一次，我在拉斯维加斯招募新队员，那天的风绝对可以称得上可怕。风自北向南吹来，跟球场的走向一样。风太大了，以至于每当有观众站起来的时候，他的椅子立刻就会被风吹走。风直接把这场比赛变成了一场马戏团表演。那天我看到了三记发自中圈的直接任意球破门。我看到一个 15 岁的守门员踢出一记凌空球，球在地上弹了两次之后，竟仍然能越过对方守门员的头顶掉进网窝！一个逆风踢出的球门球硬生生地停在了半空中，然后转向往回飞过了本方的底线，对手因此获得了角球的机会。那天的风就是这么可怕！

那天的每场比赛都被分成了两部分：一半时间你能顺风踢球，另一半时间你只能逆风踢球，逆风踢球的话你就不要指望进球了。那天的每一个进球都发生在球场的同一端。无一例外！

当你在比赛中遇到那么强的逆风时，你要考虑的第一件事就是设法平安渡过逆风踢球的那半场比赛。如果你们的一场比赛是 90 分钟，那么对手就会有 45 分钟的时间顺风踢球（顺风踢球有着巨大的优势）。在这 45 分钟内，你成功消耗掉一分钟就意味着对手少了一分钟的进球机会。

当然，比赛的进程会决定采用的方法。比如说，现在是下半场，而你的球队比分落后，那么拖延时间的策略毫无疑问对你没有任何好处。这个时候你就不得不奋力拼搏了，你要认定风是可以克服的，而进球不是不可能的。这就是我们即将讨论的问题。

如果你正顶着很强但是可以克服的风，或者你没有别的选择，只能顶着呼啸的强风奋力向前，那么你的决定将会左右一切。你做的第一个决定绝对应该是主动调整自己，使自己适应当前的形势。你可能不得不换一种踢球的方式，这种方式与你足球生涯中踢过的任何一场比赛中所用的方式都不同。你不能假装这次比赛跟以前没什么两样，也不能假装风根本就不存在，更不能认为风不会影响球的运行轨迹。你必须做出调整，接受现实。这是第一步。你同意我说的吗？

球一到空中就会受到风的阻力，球飞得越高，阻力就会越大。显而易见，第一个要做的调整就是尽可能地将球保持在地面上。如果风太大，即使是地面球也很难控制，但是你不得不试试。如果你们的传球足够好，哪怕是遇到最强的阵风，你们还是可以向前推进的。

利用一些常识来判断空中球，比如凌空球、球门球、角球，甚至界外球，它们会比你平常所见到的要飞得更远一些，所以你的站位也要比平时以及你认为合理的位置更远一些。在向前冲的过程中做调整比在向后退时做调整更容易。你要给自己留下足够的犯错的余地。

此外，你有两种方法可以利用很强的逆风。第一种方法是在允许的情况下，把球踢到对手防线的后面。在没有风的时候，大多数这样的球会被守门员没收或者滚出底线。但是风力很强的逆风会把球拦在场内，因此你的前锋就有机会得到球了。关键在于你踢出的球一定要越过对手的后防线，这就意味着你不得不比平时更加用力地击球，也许还要更用力一些。还记得吗？你承诺过要改变踢球方式的，现在就是你改变的时候了。不要期待球会像没风的时候那样跑得那么远，所以你需要更大幅度地摆腿以确保球可以越过对方的后防线。哪怕只有一次这样的传球越过了对方的后防线，你们都有可能进球得分。

另一个可以利用逆风球的方法适用于防守端，请听我仔细讲述。

我曾经在高中棒球队打过中外垒的位置。我们的一个对手的主场场地很小，从本垒到中外垒外沿大概是 95 米。在大多数学校，包括我们自己的学校，那段距离有将近 120 米。我想我应在警示区站位，因为那是我能跑到的最远的位置。但是我们的教练十分精明，他选择了另一种完全相反的方法。他指导我们站位站得更近一些，大约在内场线外14米的位置。我们选择放弃质量一般的高空球，因为它们很容易就会飞出本垒打的边界。我们对本垒打没有什么应对办法，但可以对付单个的攻垒。我们要做的就是封杀跑垒员出局。这个方法特别有用，正如我的教练所预测的那样，我们成功地防守住了对方的很多攻垒，而且大多数稍微飞起来一点的球都落到了本垒边界的外面。15年后，我便用这个战术来对付足球场上的狂风。

我们并不是后撤防守，相反，我们把我们的防线尽可能地前推并保持在那里。我们的目的是阻止对手通过地面把球传到他们前锋的脚下，并迫使他们传空中球。在比较平静的日子，这将会是对手突破我方防线的好机会，但是因为风力太大，球速变得很快，对手的前锋永远都追不上传给他们的过顶球。他们的传球要么飞出了底线，要么被我们的守门员轻松得到。这个策略发挥了作用，我们最终以2:0赢了。

值得一提的是，逆风踢球的时候，你的守门员必须要有足够的侵略性，要勇于跑出禁区，这样他就可以拦截很多对手传出的身后球了。

给教练的建议

当你面对着对比赛有着重大影响的某个外部因素的时候，你要确保你的队员在比赛之前就明白了你们必须要做出的调整。你不会希望队员们在比赛中额外拿出20分钟来慢慢适应环境吧，所以你应该在平时多强化他们这方面的意识。在这类比赛之前，我会再三地向我的队员强调，要求队员们必须改变他们的比赛方式，而且我会坚持要求他们告诉我他们是否理解了我所说的话。

46

顺风踢球

如果你知道如何顺风踢球的话，那么局势将对你非常有利。每场比赛，每支球队都将获得半场踢顺风球的机会，此时你们不仅仅要占据压倒性的优势，还要设法得分。如果你们在上半场踢顺风球，但半场比赛结束时却一无所获的话，那么你们那表面上看起来很狼狈的对手会士气高涨，因为下半场他们会有很好的机会来击败你们。

下面是关于在风力较强的状况下踢顺风球的一些注意事项：

首先，你们需要尽可能地将球控制在球场上，所以你需要动员你的队友助你一臂之力。前一个章节，我提到了那场在拉斯维加斯的比赛，那场比赛开始没过多久大家就都意识到，球队每射失一个球，球都会飞出场地几百码远，而对手获得的每一个球门球都会让他们成功地消耗掉一分钟的时间。所以孩子们的父母参与进来了，他们在对手的球门后面摆起了一道人肉篱笆，拦截射偏的球。一旦有一方球队采取了这种做法，其他的球队就会效仿。

第二，你方的前锋需要牢牢地把球控制在脚下，而这正是绝大部分球队没有认识到的。顺风时，球的飞行距离比平常情况下要远，所以很多球员将直塞球和过顶球视为自己的不二选择。但这绝对是个误区！强烈的风会将球推出底线或者推向守门员。顺着强风踢球的时候，你必须每次都要认真地估计传球空间。一旦你接近中场，你就要把球向着对方的禁区角斜传。踢直线球会导致球飞出球场或者落入守门员手中，珍贵的比赛时间就会悄然流逝。如果一个球队不能准确预测顺风对直传球的影响，那么这支球队将会白白丧失掉顺风带来的绝佳优势。

第三，确保你发出的角球不出底线。只有球在场内的时候，顺风才有可能帮到你。如果发角球的时候你通常瞄准的是小禁区，那么调整一下吧，请瞄向点球点。

第四，一定要注意补射！有风的天气特别容易出现反弹球，且球在空中的轨迹更不容易判断。因此，只要你的队友准备射门，你就要立刻冲向球门。

最后，注意不要勉强射门，要理性地考虑问题。在强劲的顺风中，很多球员开始胡乱射出一些不切实际的球，幻想着风会把球送入网窝。但通常情况下，这些球不是飞向天际就是离球门十万八千里远，反而浪费了更多的宝贵时间。

是的，"好风凭借力，送我上青云"，风会为你提供额外的助力并且可以扩大你的射门范围，但它并不能弥补技术上的失误。你仍然需要保持好身体的平衡，并展现良好的射门技术。

给教练的建议

当风向对你方有利时，即使是在上半场，你也可能会有一些想冒险的念头。如果因为风的缘故，对方球队几乎无法组织进攻的话，那你可以考虑适当调整一下比赛阵型和球员的位置。你可能会将四名防守球员调整为三名，以此来增加一名进攻球员。如果你有一名速度优势格外明显的后卫，那么考虑一下让他顶到最前面的位置上。记住，你只有 45 分钟的时间去赢得比赛。

47

雨战

正如在前面两个章节里我们详细探讨的如何在强风天气中踢球一样，当球场变得湿滑时，你也应该准备好去随时调整踢球的方式。强风天气的时候，你可以将比赛分为两部分——顺风踢球的半场和逆风踢球的半场。但当天空开始下雨的时候，在整场比赛的 90 分钟里，两个球队的情况基本上是相同的。率先做出适当调整的球队可能会因此获得足够大的优势并进而赢得比赛。下面将介绍一些应对湿滑场地的策略。

你要确保穿了合适的足球鞋，也就是我们所说的防滑钉鞋。当场地变得泥泞不堪时，防滑钉鞋可以确保你站得稳。如果不倒地你就无法完成变向的话，那么你也就失去了一名足球运动员存在于场上的价值。花点钱买一双防滑钉鞋吧，说实话，买两双也不过分。继续往下读你就会知道为什么你需要两双钉鞋。

无论何时，只要条件允许，你就要多带一套鞋袜。如果你是在雨中或湿滑的场地上踢球，记得在中场休息时换上干爽的鞋和袜子。如果你的鞋和袜子浸透了水，这会给你的腿额外增加几斤的拖累，你的行动也会变得迟缓。所以在踢完上半场之后，为什么不让自己轻快、敏捷一些呢？如果你的球队有这个能力，你最好换上一整套新的、干爽的球衣。

注意球的第一次反弹。在湿滑的场地上，飞行在空中的球会在第一次触地时迅速变快。很多这样的球直接掠过那些不能及时做出调整的球员。当球还在飞行时，你需要快速移动，做出判断，并将身体移动到来球的线路上，这样做，即使你控制不住球，也起码不会让球从你身旁溜过去。对你方的后卫来说，做出这样的调整尤其重要，否则，球会飞掠你方的防守球员，直接威胁到你方的球门。

同样，在湿滑的场地上，一个即将在后卫面前触地的球将会为聪明的前锋提供一个下赌注的机会。通常情况下，当一名后卫即将接到来自对方的解围球的时候，对方的前锋可能会向着球门移动，来阻止他得球前插。但如果是在雨中踢球，这个球极有可能在该后卫面前触地并反弹，那么对方前锋就可能尝试放弃自己的防守职责，并迅速插入该后卫的身后，来赌一赌这个球是否会因为反弹而被后卫漏掉。如果赌对了，对方前锋将获得单刀的机会。这个策略的关键是，当球接近的时候，你要看准球的飞行线路，读懂对方后卫的身体语言，并虔诚地相信球肯定会越过后卫。如果这名前锋没有做这样的思考，那只能说明他疏于职守。

　　湿滑场地同样是制造补射机会的绝佳场所。当球变得很湿很滑时，守门员很难将球扑住，特别是球高速飞向守门员的时候。因此，进攻球员应该将球射在门框范围内，这至关重要。在湿滑的场地上，第一脚射门经常会制造出二次射门的机会。但是如果你的队友没有冲到球门去争抢补射机会的话，一切都是白搭。即使在干爽的场地，抢到补射得分机会的关键也在于你的队员要在守门员扑救之前就预先想到补射机会会出现。湿滑的场地将大大增加守门员将球扑回场地的可能性。

　　到目前为止，我们一直在讨论场地湿滑时的情况。但是有些时候场地的雨水积聚了太多，并形成了积水的水坑。所以在这章的剩余部分，我们将重点讨论在这种积水过多、几乎无法进行比赛的场地上如何进行足球比赛。

　　第一个诀窍是，你要接受不能改变这种恶劣状况的现实，所以你只能改变自己的踢球方式。你可能不得不完全改变自己平日踢球的风格，但这就是现实，这就是足球，你不得不接受。不要头撞南墙不回头，要学会随机应变，灵活应对。如果地面不适合踢球，那你就把球踢向空中。

　　在佐治亚，我们认为自己是一支以控球打法为主的球队。我们试图把球控制在地面上，通过不停地传球和倒脚来串联我们的进攻，以此让对手处于被动状态，这是我们理想的踢球方式。但理想很丰满，现实却很骨感，生活并不总会与你想的一样。

　　2010 年，我们有一场主场比赛是对阿肯色州队。在上半场的时候场地开始变得湿滑，但除了有一个较大的水坑之外，场地状况还可以接受。在上半场接近尾声的时候，天空下起了瓢泼大雨，整个场地变成了一个大水坑。想要在地面上把球踢出超过 5 米都是不可能的。球被困在水中，难以移动，更别提运球了。那些尝试运球向前突破的球员经常是人过去了，球却还被困在原地。唯一可以让球向前的方法就是将阵地转移到空中。在中场休息时，我们指导本队的球员按这个方法来踢比赛。我们的队员没有任何人企图在对手面前带球。只要有可能，我们的球员就一脚出球，向前方踢空中球。除非万不得已，否则是不允许球员停球的。我们的目标是把球踢向空中，并尽一切可能把球瞄向对方的点球点，最关键的是要把球踢到阿肯色州大学队的球门前。在这种条件下，如果你能将球踢到对方的咽喉要地，那么一切都有可能发生。在这样恶劣的状况下，我们没有打算进漂亮的球，只要能进球，漂不漂亮都无所谓。

对那些在水坑中接到球的球员来说，第一脚应先把球挑出水坑，就像颠球那样，这是一个十分有效的策略。一旦球被挑起来，球员就可以凌空大力把球踢向前场。

当场地上满是积水的时候，这场足球比赛就几乎与"漂亮"无缘了，它只关乎胜负。让球飞在空中，越过地面，落到对手球门前，就这么简单。当漂亮的进球成为不可能的时候，你就尽全力踢进一些丑陋的进球吧。

给教练的建议

在赛前热身时，让你的球员们相隔 25 米或更远的距离练习相互传弧线球，并要求他们让球在队友身前落地反弹一次，从而让他们了解球的第一次触地反弹是如何影响球的飞行线路的，然后他们要在接球时将身体准确移动到来球的线路上。

48

平衡哨

你听说过平衡哨吧。一名棒球裁判把投手投出的快速穿过好球区的球错判为坏球，紧接着投手的投球偏出了好球区，裁判却把它判为好球。一名篮球裁判对他刚才的犯规判罚感到后悔，那么他会设法迅速对另一方做出一次犯规判罚来弥补。在各类运动的各种水平的比赛中，这种现象都存在，足球也不例外。

有决心和勇气的好裁判不会让他们的上一次判罚影响到下一次判罚。如果你的队伍幸运到每场比赛都能遇到这样的裁判员，那么这一章的内容就不适用了。然而，你不太可能每场比赛都碰到世界级的裁判，而且不是每个裁判都有世界级的表现，所以我建议你继续读下去。

所有的足球裁判都讨厌做出会严重影响比赛进程的吹罚。因为这样的吹罚会使裁判成为影响比赛结果的一个因素，他们可不愿意自找这种苦头吃。他们在判罚点球和出示红牌时尤其谨慎小心，所以通常不会做出这样的判罚。

你得记住，尽管只有那些精神错乱的人才会真的想要成为一名裁判，但是从心里讲，这些裁判员也是人，他们也想公平。他们不想给某个队伍明显的好处，他们不想因为某个改变比赛形势的判罚而导致球员的怨气铺天盖地地压到自己的身上。这就是为什么裁判员会尽可能地避免做出这样的判罚的原因。大多数裁判员只有在被逼无奈的情况下才会吹罚点球或亮红牌。所以如果你的队伍从某次判罚中受益的话，那你们就要小心了！

世界上的每一名裁判员都会与我争论这个问题，但是我已经看到过太多这种情况了。如果 A 队得到了一个点球，那么很有可能 B 队在比赛结束前也会得到一次。而且如果 A 队是两次点球的受益者，我拿我的右胳膊打赌，B 队至少也会得到一次主罚点球的机会。这个道理同样适用于亮红牌的判罚。裁判员不想成为影响比赛结果的决定因素，所以在做出一次改变比赛走向的吹罚之后，他们会间歇性地找回人的本性，并寻找机会来平衡局面。事实就是这样，所以你必须要预料到裁判可能会因回归本性而对你们的球队做出不利的判罚。你们要赶快做出相应的调整。

如果裁判刚刚把对方的一名球员罚出了场，那你们就要小心了。这时候你应该假定一次正常的犯规可能会被判一张黄牌，而一次本来应该得黄牌的犯规，现在很可能会得到一张红牌。一旦一名对手被驱逐出场，你们就要警惕起来，因为裁判员可能正在寻找判罚机会，因此你们要尽快做出调整，不要被裁判抓住把柄。不要绊倒对手，不要跟裁判争辩。笑一笑接受裁判的判罚吧，尽最大的可能干干净净地踢完剩下的比赛。这可能看起来不怎么公平，但足球世界就是这么运作的。

如果你的队伍通过点球得分了（特别是那个点球使你的队伍取得了领先），那你就需要在你们自己的禁区内非常小心地应对了。有的裁判会用非常滑稽的方式来抵消他自认为是他给你们球队带来的好处。当然他不会在一开始就极端到判罚点球。

我们可以举一个在 2010 年世界杯比赛中出现的让人震惊的例子。在美国对阵斯洛文尼亚的比赛中，莫里斯·埃杜（Maurice Edu）在第 85 分钟的进球因莫须有的犯规而被判无效。当时裁判在斯洛文尼亚的后场判斯洛文尼亚队犯规，由美国队主罚任意球。兰登·多诺万发球并把球传到了斯洛文尼亚队的球门前，埃杜在球门前以一脚凌空抽射破门。裁判却判美国队犯规在先因而进球无效，但是却没有明确到底是哪位美国队员犯规了。

我猜想，而且我应该不是唯一这么想的人，裁判员是对最初的判罚感到后悔了，所以才决定球一发出就立刻制造一个犯规判罚来抵消刚才的判罚。视频回放证实，如果那一刻存在任何值得吹罚的犯规的话，也应该是吹罚斯洛文尼亚的。事实上裁判员在多诺万准备踢任意球时就已经准备好了吹哨。这是典型的平衡哨，但是裁判弄巧成拙了。

要记住，世界杯是一场盛会，它不仅展示了世界上最出色的球员，还展示了世界上最优秀的裁判员。如果世界上最优秀的裁判员之一都会成为人性的牺牲品，那么就绝对不能低估你的裁判内心的赎罪感。

聪明的球员会觉察到这些改变局势的细节并相应地做出调整。他们会小心行事，不会轻易为裁判员提供借口来平衡比分。

给教练的建议

这又是一节你不用费多大事就能学会的课。跟你的队员们进行一次这样的谈话吧，让他们在这种情况出现的时候做好准备。

49

毫不犹豫地庆祝进球

可能你已经遇到过这样的情况了。如果没有，那么总有一天你会遇到的。

你们的一名球员射门，球打在球门横梁的下沿并近乎垂直地向下弹向地面。球越过球门线落在地上又径直地弹起来，这时骚乱爆发了。我的经验是，裁判错判这种情况的次数至少与在这种情况下做出正确判断的次数一样多。这就是为什么队友需要你的帮助的原因。

首先，如果你确定能有机会首先触到球并把它踢进球门，那么就赶紧上！这能帮助裁判排除掉所有的不确定因素。即使你知道球绝对越过了球门线，但还是不要冒任何不必要的风险。尽全力把球踢进网窝，不要给裁判任何机会拿走你们球队本该得到的一分。

如果你们的球队没人有机会能把球踢进网窝，那么裁判的决定通常会取决于周围球员的反应。一名机灵的守门员会抱住球，跑到禁区前沿把它踢出，好像什么事也没发生过一样。如果裁判没有在球离开守门员的脚之前将其判为进球，那么他永远都不会了。你不能让守门员的反应成为影响裁判裁决的唯一因素。

如果你知道球已经越过了球门线，那就不要看向裁判去寻求裁判的确认，不要让你的表情表达出这样的意思："怎么样？我觉得球进了，你觉得呢？"不要去等待他的答案，因为非常有可能他给出的答案是你不会喜欢的。这并不是裁判想要做出的裁决，他当然不想给一个没有进球的球队捏造一个进球。对裁判来说，吹掉一个合法的进球要比送出一个可能不存在的进球容易。要确保让裁判看到你那一刻的感受。当球过线时，你要立刻（我强调立刻）庆祝起来，就好像你刚刚赢得了世界杯那样！你的反应要夸张！你的反应要明确地向裁判传递这样一个信息：

这球毫无疑问已经越过了球门线。要让裁判相信刚才发生的一切确切无疑，让他不可能做出有利于对手的判决。让他觉得只有傻瓜才会不承认那个完美的进球。这样做会帮助你赢得比赛的。总有那么一天，在某个地方，这一点绝对会帮到你。

给教练的建议

这样的事情终究会发生在你的球员身上的。让你的球员多花点时间练习这个，相信我，它会发生的。问题在于你不知道什么时候、会在哪里发生。所以你的球队有必要时不时地花两分钟的时间来温习一下这一点。

50

领先时的时间控制

如果说男子足球和女子足球之间有明显的策略上的差别的话，那么就是我在本章要说的这一点了。很少有进入到大学联赛的女球员在自己的球队领先时能具备控制时间并杀死比赛的意识。

我们要明白一个道理：以一分领先已经足够让你们赢得比赛。当你们领先，而比赛还剩10分钟的时候，对手正准备孤注一掷争取追平比分。这个时候最要紧的是，你们千万不要给他们帮忙！

有时候，你们的队伍以微弱的比分领先，这时候快速发出界外球或者任意球将使你们获得更好的机会；而有些时候，快速发球能让你们消耗更多的时间，或者能够给你们创造进球的机会来扩大优势，让对手回天乏术。本章接下来的内容将不会包括上述情况。

下面是一些消耗时间的基本策略。

不要追求踢出漂亮的球。如果你们队正处于巨大的压力之下，而这时你在中场突破了对方的一名防守球员，那么你不必担心会因击球过猛而把球踢得过于靠前，你最好能将它踢到对方防线的后面，踢到角球区附近。我看过很多例子，球员明明有机会能一脚把球踢到对方的身后，迫使对手大幅度后退去追球，但是他却选择在对手的后防线前做短传，结果就是短传被对手拦截了。这样不仅没能消耗时间，迫使对手消耗更多的能量，反倒让对手有机会把球直塞入我们的咽喉，对我们形成巨大的威胁。并不是每项工作都需要艺术家，苦力们做的工作也同样重要。当你们球队正处在生死攸关的时刻时，漂亮没用，赢得比赛才是最重要的事，而且是唯一重要的事。

看在上帝的份上，不要为你的对手捡球。他每多花1秒钟时间捡球，就会少1秒钟时间来进球得分。如果对手得到了任意球，让他们的球员去把球捡回犯规地点。即使球滚到了你的脚边，停在你的脚尖上了，你也不要把它踢回你的对手那儿，要让他自己过来捡。这条也同样适用于替补席上的球员，因为他们也可能会傻乎乎地帮对手捡球。如果球正要弹出边线，请你麻利点儿把路让开，让球滚远点！要记住你是哪个队的！

别向裁判施压要黄牌！这是另一个我每年都会看到并为之困惑的现象。A 队在比赛还剩两分钟时，正拼命地维持着一分的领先优势。B 队全线压上，此时一名 A 队的球员有机会突破防守。B 队的一名球员为防止对手反击选择了犯规。犯规很严重，并可能被罚黄牌——这正是 A 队的每位成员（包括教练）开始强烈要求判罚的原因。裁判感到压力，于是吹罚，他暂停了比赛的计时器来发放黄牌。

在那种情况下，在这个世界上你最不希望裁判去做的事情应该就是暂停计时器。你本可以至少消耗 30~40 秒的时间来发一个任意球，但是裁判却暂停了计时器，并只对那个犯规球员进行了象征性地惩罚。

除非那是犯规球员的第二张黄牌，否则那张黄牌对你们有什么好处呢？它可能暂时能给你们一种巨大的公平感，但这也就是全部了。只剩下两分钟的时间了！不要跟自己过不去！请顾全大局。你们能从那张黄牌里得到什么呢？同一名球员在那最后的两分钟里再次被罚黄牌的可能性有多大呢？在这点上请相信我，你们现在要做的就是让计时器保持计时。就让对手逃脱一次黄牌吧。当比赛结束，你们赢了的时候，你们的沮丧就会烟消云散。

千万别让自己得黄牌！ 2009 年我们密西西比大学队以 1∶0 的比分领先孟菲斯队。当比赛常规时间还剩 10 秒钟时，我们在自己的球门前 25 米处被吹罚犯规。我们的一名球员不想让孟菲斯队快速发球，于是就站在了球前——如果他能够及时地从球前往回撤，这是没有问题的，但是我们的球员没有这样做。人群太吵闹了，以至于他没听到我们喊他、冲他尖叫、哀求他回撤。比赛还剩两秒时，裁判暂停了计时器，罚了他一张黄牌。所以孟菲斯队不用担心会因为时间即将结束而不得不在混乱中胡乱地完成一次射门了。现在他们能很从容地把他们想要的球员安排在球前，并将其他 10 名球员全部压在我们的球门面前。幸运的是射门高出了横梁，我们因此获得了胜利，但是我们确实尽了最大努力去帮助他们扳平比分。

不要跑去掷界外球或角球。为什么？因为这简直太愚蠢了。事实上，当球滚出边界时，即使你是最靠近球的球员，你也不应该成为那个掷界外球或发角球的人。当球滚出界的时候，你应该从它边上走开，走向球场中央。一定要从球旁边走开，就好像球带有病原体一样。然后让你的一个离球很远的队友走过一段长距离来到边线吧。因为这需要花更多的时间去把球捡回来重新开始比赛，从而更多的时间将会从时钟上流逝掉。

自己去捡球。在大学级别的比赛中，我们会在球场周围安排很多捡球员。没有什么能比辛苦的捡球员更能有效地节约时间了。一旦球出界了，他们会很快地给你另外一个可用的球。然而当你们领先时，捡球员就是你们的敌人。但是偶尔，你也可以让他们不能发挥作用。任何时候只要有可能，就不要让捡球员把球丢给你，而是要随意地慢跑着去捡出界的球，这样可以帮你消耗更多的时间。这对守门员尤其适用——当射门飞出底线之后，不要站在那里向捡球员要球，因为这个过程只需要三四秒就可以完成。取而代之的是，你要自己去追赶滚出界的球。你要假装没看见站在旁边的球童，这样多半时候你会侥幸成功的。这是消耗大量时间的最有效的方法之一。

把球踢出围栏。如果你要把球踢出界，那就要让你的对手很难尽快地发球。如果场地周围有围栏，那就把球踢出围栏；如果场地周围有树林，那就把球踢进树林深处。即使捡球员手上有替代的球，他仍然需要去捡回那个早不知被你踢到了哪里的球，所以当下一次球再出界时，他（捡球员）可能就不知道跑到哪里捡球去了。记住，每一秒都至关重要。

不要让球落入对方守门员的手中！当你们坚持维持领先优势的时候，如果你在对方半场深处得到球，那么你当然不想轻易丢掉它。现在你最不希望发生的事情就是让他们的守门员得到球，因为他可以将球捡起并把球凌空踢到 60 米以外。我的建议是你不要横向传球。想想看，你在角球区附近拿到球，离对方底线只有 6 米远，如果你选择横传，就给了守门员抢走球的机会。然后他就会抱着球跑到禁区的前沿，紧接着把球踢到中圈的远端，从而使你的球队压力陡增。这时做任何其他的选择都比横向传球要好。带球到角球区，用身体护住球；把它踢出场外给对方一个界外球；哪怕是给对方一个球门球都比让守门员踢出凌空球要好。不要让守门员一脚把球开到越过场地三分之二的位置。

总的来说，除非你有一个特别好的机会，能在近距离内非常、非常容易地射门得分，否则我不建议你把球带进禁区。你要把球带进角球区，然后消耗时间。你不需要再进一球，以一球领先就足够了。

给教练的建议

有很多方法可以用来训练球队控制时间的能力。一种方法是安排小场的五对五或七对七的比赛。当一队得分后，除非对手得分，或者一段规定的时间结束了，否则该队不能再次得分。另一种方法是在大场的比赛情景中，你可以指定一个比分和一段剩余时间（比如红队以 1:0 落后，比赛剩余 5 分钟）。这些练习可以应用于关于控制时间的所有章节。

51

守门员的时间控制

一定要让你的守门员阅读这一章。

如果说有一件事能让我发疯的话，那就是我的守门员捡起了球并想拖延时间来保持本队以一球领先的战果。要知道，一旦球在你的手上，一定要在 6 秒之内把球踢出去。不要给裁判一个判给你的对手在禁区里踢间接任意球的机会，那样不值得。我宁可早几秒钟把球踢出去，也不愿意白白赠送给对手在禁区内踢任意球的机会。你要踢出凌空球，给予你的队友绝对的信任，让他们来结束比赛。

对守门员而言，最佳消耗时间的时刻是球到你手上之前。用你的脚停下滚进禁区的没有形成威胁的球。当球滚出底线，由你来开球门球的时候，想办法不让捡球员把球丢给你。这些都是你可以用来消耗 15 秒甚至更多时间的机会。当球出了底线的时候，不要去捡球，而要朝相反的方向跑，跑到禁区的最前沿，对着你的后卫喊出一些他们犯了的或者没有犯的错误。看在上帝的份上，不要急匆匆地把你的手放在球上。

好好看看职业足球比赛吧，你会看到一些精于控制时间的守门员。仔细观察这些技巧，在合适的时候，你也可以把它们应用到比赛中。

给教练的建议

找个时间把这些内容跟你的守门员好好谈一谈。否则，有一天你会后悔的。

52

落后时的时间控制

讲解这个话题最简单的方式就是："把前面两章好好读读，然后反过来做"。但是我认为，我们还可以比那做得更好。

当你领先的时候，你会试图消耗时间；当你落后的时候，你会希望时间走得更慢一些。道理很简单。除了加快节奏、快速发球等一些基本要求外，我这里还有一些很多运动员不知道的基本策略。

除非万不得已，否则千万不要犯规，犯规只是最后的手段。对一个球队而言，没有比罚任意球更能消耗时间的方法了，每个任意球至少能消耗 30 秒的时间。在多数情况下，犯规只会给你们队造成更多的伤害。

主动申领黄牌。如果之前没有得过黄牌，那么这是一个铤而走险的方法。当裁判判罚给对方任意球，而你拒绝退出 10 米之外时，裁判便会停止比赛计时器并给你出示黄牌。这是值得的，毕竟你使裁判停止了比赛计时器。

射门时要动脑筋。消耗时间最简单的方法就是踢球门球。球门球经常会出现。渴望扳平比分的球队在顽强地对对手进行逼抢，然后球被对手解围，被落后一方的中场球员拿到。在慌乱之中他的身体还没有站稳就匆忙地在距对方球门 30 米外的位置射门，结果球偏出了底线。这是一个非常不成熟的决定。它使你扳平比分的机会变得更渺茫；它让对手获得喘息之机；它让对手成功地消耗了比赛时间；它会扼杀本队辛苦组织起来的进攻。总而言之，它让对手成功地摆脱了困境。即使在你绝望的时候，你也必须时刻保持冷静，做出正确的决定，并对你的能力有清醒的认识。

帮对手捡球。尽量阻止对手实施通过发球来消耗比赛时间的战术。在可能的情况下，帮对手把球捡回来，然后放在精确的发球位置上。

迫使守门员用手把球拿起来。你必须去追赶每一个进入对方禁区的球。按照规则，一旦守门员把球拿起来，他便只剩下 6 秒钟的时间把球踢出去或者扔出去。在通常情况下，裁判会多给他们 3~4 秒的时间。不过你要注意，只有在守门员真正把球捡起来之后，计时才会开始。对方守门员只有在迫不得已的时候才会用手拿球。为了防止他消耗比赛时间，你得上去抢他脚下的球，迫使他把球拿起来。

定位球必须射在门框范围内。当你们比分落后，而且时间已经不多的时候，裁判判给了你们一个任意球。任意球的位置处在有威胁性的射程范围之内。此时你们要保持冷静，让队里最有把握在这个位置上进球的球员来主罚这个任意球。即使他没有得分，也至少应该把球射在门框之内，让守门员做出扑救。如果球射在门框范围内，至少还有进球的机会。它有可能让守门员犯错，从而制造出一个脱手的反弹球或者使球的线路发生偏移。但是如果射门时球直接高出了球门，那么这次机会就完全被浪费了，而且大量的比赛时间会被消耗掉。

不要害怕倾巢而出。当比赛进入最后 60 秒，而你们却以一球落后时，如果这是一场你们非赢不可的比赛，这时候你必须冒险。宁可让对手再进一球，也要找机会扳平比分，否则你很难找到最佳的机会。如果你们队有发角球或者发任意球的机会，那么把所有球员，包括守门员，派到对手的禁区内。即使一定会失败，你们也要把子弹打完。

给教练的建议

不要临时抱佛脚。在比赛还没开始之前，你就应该有个预案，告诉球员们在最后几分钟处于落后的情况下该怎么办。经常演练在这些紧急情况下的应对方案是个不错的方法，这样，你们球员就能做到心中有数了。

53

射门得分

如果你最终没有把球送入网窝，那么你所有明智的决定以及你所有的努力都是徒劳。射门需要技术，但是仅仅靠技术是不够的。当你把球控制在脚下，站在对方球门前的时候，你不得不做出判断，找出进球的最佳时机。这里有五条简单的提示来帮助你把机会转化成得分。

预判——当你接近球门的时候，一切都会发生得非常快。此时后卫们的逼抢会格外紧迫，所以你通常没有两次触球的机会。通常，如果你不能够接球并直接射门的话，那么你就再也没机会把球射出去了。当你靠近球门的时候，球经常会不经意地来到你的脚下，可能是球的线路发生了偏移，可能是对方解围失误，也可能这是一个反弹球。你得时刻在意识上和身体上准备好，确保自己随时能够在瞬间做出反应。预判球能够到你的脚下，占好位置，摆好姿势，一旦球来了，你要能够接球便射。这就需要你从球门前回撤几步，调整自己接应队友传球的角度，这样当你射门的时候，你的髋部正对球门，你可以完全发力。如果你过于靠近球门，那么你接球的时候很可能是面对着边线的，这样你就很难做出射门的动作，这不是你所希望看到的。你可以问问自己："如果球现在就到了我这里，我能一脚射门吗？"这样做将会使你处于一个很好的位置，无论任何时候球到你的旁边，你都能做出很好的处理。

让守门员做出扑救——在密西西比大学队，我曾经指导过一个很有天赋和技巧的球员，她叫阿比（Abby）。阿比是个魔术师，她对球无所不能。她能在一对一带球突破时把对手晃倒在地；她能用脚的任何部位踢球，凌空抽射、反弹球抽射、侧身抽射她都不在话下。阿比是我曾经指导过的最完美的技术型球员，看她踢球是一种享受。但是在球门前，这个可怜的女孩就悲剧了，她找不到办法把球踢进球门。在我指导的球员中，阿比不是第一个有这种问题的人，但是他们还是有区别的。

大多数不能进球得分的球员，要么是技术不好，要么是在射门的时候不能保持镇定，大部分球员两者兼而有之。他们不知道应该瞄准哪里，所以当他们射门的时候，就完全是撞大运。他们的射门会偏出 6 米远，或者高出横梁 10 米，又或者他们会直接把球踢向守门员；他们用错误的部位踢球或者踢球时用力过猛；他们缺乏冷静和悟性。但这些问题阿比都没有，阿比清楚地知道应该把球踢向哪里，也知道应该用身体的哪个部位把球送到那里。这位让人惊叹的球员所做的一切似乎都是正确的，可为什么她不能进球呢？原来，阿比的问题在于，她总是想要做得更精确。当她接近球门的时候，她总是向球门的两个下角低射，一般来说这样做很好，但是阿比对自己要求太苛刻，她就像在用显微镜瞄准球门下角一样，结果她总是射偏大约 10 厘米。因此，阿比是我见过的射门射到门柱上的次数最多的球员。一次一次又一次，在训练和比赛中，阿比把球轻松地推过守门员，却使球碰到了门柱，弹到场外。

当我开始做阿比的思想工作时，我首先就是说服她，让她知道她以前的射门方式给了守门员太多便宜，球门的范围远比她所瞄准的范围大得多。阿比首先要做的就是迫使守门员做出扑救。如果球没有射在球门框范围内，那么它看上去再怎么接近也没有用。任何射门，除非球打在球门柱和横梁之间，不然是没有机会进门的，阿比需要给自己的射门多留点误差的余地。我跟她说的话对你同样适用——如果球进门之前碰到门柱，你是不会得分的。不管什么样的射门，能进球的就是好的射门。

如果守门员不需做出扑救，那么你就替他完成了本该由他来完成的任务。当你迫使守门员做出扑救的时候——换句话说，当你的射门打在门框范围之内的时候——各种机会就会出现在你的面前。你曾经当过守门员吗？这真是非常难的一项工作。你首先要判断出球的前进线路，并做出反应，然后还要用适当的身体部位挡住球，不让它进门，这一切发生在仅仅半秒钟之内。不管从哪个角度看，这都不是一件容易的事。

当你的射门打在门框范围内的时候，你就迫使守门员不得不去做一件事，一件非常难而且他有可能应付不了的事。你同时也给了他一个做正常人、做会犯错误的人的机会。换句话说，你给了他一个将本来很好的扑球演砸的机会。当你的射门射在门框范围内时，它至少还有进门得分的机会。不仅如此，它有可能会造成守门员扑球脱手，从而形成反弹球；也有可能会从守门员的腿边蹿进球门；也有可能会从守门员手里滑进球门。所有的这些可能出现的情况都比把球踢出底线，送给对手球门球要好。

当你有机会射门的时候，你得保持冷静，把球射在门框范围内。对大多数球员来说，这意味着为了精准度他们需要牺牲一些力量。如果球高出了横梁，你的力量多大都没有用，毕竟你不是按照高度和距离得分的。让守门员做出扑救，这会帮你制造更多的进球机会，其中就包括出现可以转化为进球的反弹球。

不要射半高球——在我的教练生涯里，反复发生的、令人崩溃的事情之一，就是看到球员在面对很好的射门机会时射出的半高球被守门员扑住。半高球是指向着守门员身体两侧稍低于髋部的位置（当你的手臂自然垂下时，手所在的位置）以上、肩膀以下的这一区域射出的球。想知道为什么不能把足球射向那里吗？因为那是守门员的手所在的位置！当你射出半高球的时候，守门员会非常高兴的！那会让他们非常非常高兴的！

做一个小测试：站立，双手自然下垂放在身体两侧，看看你需要多长时间可以把一只手抬到肩膀所在的高度（就好像你正在接一个棒球那样）。然后，从相同的位置开始，看看你需要多长时间可以把同一只手触到地面。将你的手触到地面至少要用两倍于上一个动作的时间。这个道理同样适用于守门员。

如果你射出的球距离守门员有 50 厘米远，而且还是半高球，那么会发生什么——他只需要做出一个习惯性的扑球动作即可化解你的射门。但是如果你把球从地面射向球门，同样是距离守门员 50 厘米远，那么这时守门员就不得不双脚离地，飞身扑向地面去救球。这可比扑半高球难多了，不是吗？

当你射出半高球的时候，你其实就是在给守门员减轻负担，所以不要那么做。

向着守门员移动的反方向射门——如果你横向带球穿过球门的正面杀入了禁区，那么你就要突然把球射向远门柱杀出一记回马枪。假设你运球的方向是向西的，那么守门员也会将他的身体向西移动。如果你把球射向球门西面的角落，而此时守门员已经做好了扑球的准备，那么他很容易做出扑球动作。但是如果你能突然杀一个回马枪，把球射向球门东面的角落，那么守门员将不得不停下他的脚步，克服身体已经形成的向西的惯性，然后立刻跳向东面。这对守门员来说是最困难的扑救方式之一，这也是有那么多射门能通过这种方式得分的原因。

你可以把同样的方法应用到接横传球射门上。因为守门员的运动方向与来球一样，所以，很多时候，如果你向后射门，射向来球的方向，守门员就没有能力去改变方向做出扑救了。如果你的射门方向与守门员的身体移动方向相反，那么他将很难做出扑救。

制造乌龙球——如果你发现自己已经接近球门，却没有处于射门的有利位置，比如刚好处在底线内一米远的地方，而此时你又必须把球送出去，那么怎么办？试试这样做：送出一记大力的低平球横传门前，也就是要刚好穿过守门员身前。这样将会在门前制造一片混乱，因为进攻球员和防守球员都会冲向小禁区去抢球。你的传球可能会刚好到达你的某个队友脚下。换个角度说，你的传球不见得非要找到自己的队友。你的传球可能会碰到一个措手不及的防守队员的小腿，然后球被他挡进了自家球门，造成了乌龙球。除非谁都没有碰到球，使球最后出了边线，不然的话，进球的可能性非常大。

给教练的建议

　　赢球或者输球都是在禁区内发生的。我是一个小场比赛的狂热爱好者，例如五对五加守门员的比赛，因为场地的很大一部分都在射程范围之内，所以能够制造出很多的射门机会。前锋需要在真实的比赛环境中多花些时间，寻找在球门前的感觉。小场比赛是再现真实比赛场景的绝佳舞台，它可以为你提供很好的机会去指导前锋如何完成射门。

54

招募队员

如果你对招募球员的过程感兴趣，很多书籍、文章、网站和研讨会都可以为你提供你想要的信息。但是，我想我有责任教给你们一些通常会被忽略的基本常识和技巧。你首先必须要争取到和心仪的球队的教练或者球队的领队面谈的机会

如果你想被招募进球队，首先你必须能够让我们认出你。对我们来说，你让我们越容易认出你，你的机会就越大。所以，首先要确保我们能够看到你球衣背后的号码。25 米之外黄色球衣上的白色号码是看不见的。此外，白色球衣上的黄色号码和天蓝色球衣上的白色号码都是难以辨认的。如果你的球队穿的是浅色的球衣，那你就要用深色的号码；如果你的球队穿的是深色的球衣，那就用浅色的号码（最好是白色的）。不需要用盒状阴影或者其他效果。我不在乎这个号码有多么好看，只在乎我能否从足球场外看到它。

把你的号码印在球衣的前面或者短裤的前面，这样的话，当你表现出色并面对我们的时候，我们仍然能记下你的号码。这听起来或许很可笑，但是每个教练都会有因为无法看到球衣上的号码所以在混乱的人群中再也找不到这个人的时候。把号码写在队服的前面会对你有帮助的。

很多球队是穿着 T 恤热身的，那么你同样需要在 T 恤衫上印上号码。如果我们能够提前到达场地观看你们热身，那么我们希望通过热身就能发现你。这一点对守门员来说尤为重要，因为守门员在热身中的行动比在实际比赛中要多得多。要让我们知道你是哪一个守门员。

说到守门员，在热身的过程中，你要展现出你是名出色的守门员。那些想要对你进行评估的教练会特意早点到场，来观看你面对队友接二连三的射门时的表现。我们在 15 分钟的热身中所看到的你封堵射门的

超凡技术，远比在一场 90 分钟的比赛里看到的多得多。热身活动就是你的秀场，是你展现自己才能和训练习惯的机会。不要为即将开始的比赛有所保留，也不要因为耍酷而不愿意展现出自己最好的一面，以至于没有给我们留下多少好的印象。仅仅通过热身活动，我就放弃了很大一批守门员。如果我不喜欢你在热身中的表现，那么我是不会留下来看你的比赛的。热身活动就是你展现自己的最好机会，发挥它的作用吧。

在你比赛之后，我们可能会有目的地站在场地和停车场之间，这样我们可以从史好的视角来观察你。我们可能会上下打量你，对你做出评估，也可能只是想让你知道我们在那里。当你换下比赛的球衣或者穿上套头衫的时候，我们通常会认不出你。所以无论你在比赛后穿什么，都不要让我们认不出你。

如果你送给我们一份自己的比赛光盘，请在光盘里标明自己。告诉我你穿的什么颜色的球衣，球衣号码是多少，打哪个位置以及其他的明显的特征，这些会有助于我从屏幕里把你与其他 21 个陌生人区别开来。如果你能够直接把这些信息都放在光盘里，这就意味着即使我弄丢了你的信（这是很可能的事情），我也能知道如何找到你。

如果你给我打电话或者语音留言，一定要提到你是哪个年级的，因为全美大学体育协会对回复电话有严格的管理，发电子邮件也是同样的要求。我需要知道你的毕业年份，无论你要发给我什么，一定要把毕业年份、俱乐部球队、球衣号码和邮件地址标明，还要附上运动员简历。

我们知道你要将一封格式化的信函或者邮件发给很多教练，这样很好，但是请花点时间让它更加个性化一点，不要像下面这样写。

亲爱的教练：

我对你们大学的学习机会和足球项目很感兴趣。

你应该这样写。

亲爱的布兰克教练：

我对佐治亚大学的学习机会和足球项目很感兴趣。

如果你能在信的结尾加上"斗牛犬队加油！"的字样（或者将斗牛犬队替换为七叶树队或者熊队或者其他队），那么你会因此而得到加分的。

最开始的阶段，你的首要目的就是争取让教练们去观看你的比赛。在一些主要的巡回赛的前几个星期，我们收到的来自想要加入我们球队的球员的邮件多达两百封，都邀请我们去观看他们踢球。很显然，我们不可能去看所有人的比赛，所以我们不得不进行筛选。如果两名球员在其他方面都差不多，那个更有希望被我们签下人则是我们曾优先考虑的。在你的邮件里，任何能够展现出你对我们学校真正感兴趣的内容都有助于我们把你放入优先考虑的球员名单里。举一些能引起我关注的邮件的例子：

祝贺你们今年在东南联盟里取得了伟大成绩并赢了某某大学！

我看了你们和某某大学的比赛，对你们队出色的控球能力印象深刻。

这个秋天我通过电视观看了斗牛犬队的三场比赛……

佐治亚州立大学杰出的兽医预科项目非常符合我的学术目标。

最后，看在老天的份上，记得要根据不同的大学改变那些个性化的说法！一定要确保你的邮件送到了正确的大学的正确的教练手里。一年中我至少会收到两封想要加入我们球队的球员发的邮件，邮件中说阿拉巴马（Alabama）/弗吉尼亚（Virginia）/科罗拉多（Colorado）/北卡罗来纳（North Carolina）大学是多么适合他。很好，我肯定会转告他们的。

记着在你的邮件上署上自己的名字、毕业年份、俱乐部的名字和你的球衣号码，它会帮助大学教练记住你。下面就是个很好的范本：

真诚的

丹·布兰克

2014 年毕业，7 号，哈密尔顿俱乐部

当你确认发送邮件的时候，确保我们不会看到其他 50 个教练也收到了这封邮件。额外花 5 分钟时间把它单独地发给每一个教练。如果你给每个教练的内容都不一样，事情就显得很自然了。如果我在邮件里看到你的邮件多发给了哪怕是一家大学，我就会马上删掉它。我不能容忍这种行为。

你的邮件地址就代表你，确保它能很好地为你代言。这样的邮件地址——partygurl@aol.com 或者 boycrazy@gmail.com——是不会有教练喜欢的。

在最初阶段你的首要目标有两个：邀请心目中的教练来观看你的比赛；不要让教练在看你比赛之前就把你排除掉，注意一些细节。

当你要进行非正式拜访时，看在老天的份上，关掉你的手机铃声把手机放口袋里！留在车里更好！做一个英雄，挑战自己，做到 6 个小时不看手机短信、不登录网络社交平台，把这看成是一个穿越到没有手机的上个世纪 80 年代的机会，那个年代还没有手机。没有什么行为会比在午饭时看手机更能冒犯大学教练了。

招募过程中你的首要目的就是不要使自己失去资格。你要表现出最好的自己，表现得有礼貌、有纪律、有专业素养。记住，不仅是你在选择学校，学校也在选择你。

最后一条建议：成为大学足球运动员将会是你一生中最美好的经历之一。请满怀热情与激情地参与进来吧，每天在足球场上展现最好的自己，这将是你永远都不会后悔的决定。

给教练的建议

显然，你掌控不了你的少年球员要去做什么，但是你应该抽出一天时间来做招聘讲座，这会指导他们顺利通过招募。你要给你的球员提供一些有用的信息，从而给他们一个奋斗的机会。

55

见你的队友

你们全队都买了这本书吗？如果是，我建议你们全队成员坐在一起读这一章，读完后简短地讨论一下如何把它应用到你们的球队中。整个过程用时不会超过 20 分钟，但我保证它会在你们比赛日的那天呈现立竿见影的积极效果。

足球传球方法不能"一刀切"。你们的球队是由不同个体组成的一个整体。每个人都要把自己的优缺点写下来放到桌上，这些写有个人优缺点的清单需要应用到比赛中。任何时候，只要有机会，就要给队友创造出有助于他取得成功的最好的条件，这才是传球所要达到的目的。或许，或者至少希望，你已经充分发挥出了自己的优势，那么现在，让我们一起尝试着帮助队友，让他们也发挥出自己的潜能吧。

你看到那边的珍妮弗了吗？是的，她带球很厉害，但是她不是田径明星。事实上，她有一点慢。让大家想办法把球踢到她的脚下来让她免于跟对手拼速度吧。她能带球做出惊人之举，但前提是球在她的脚下。

阿什莉则是另一种情况，她能飞！那就让她和对手赛跑吧！如果她希望你把球传到对方防线的身后，那你就把球踢过去让她去跑吧！

确实，阿什莉快如闪电，但是她却特别矮，而且三年以来从未抢到过一个头球。所以，除非迫不得已，否则大家都不要给她传头球。

但是贝姬就不同了，她比队内任何一个防守球员都要高出至少 5 厘米，她的头球能力很强，所以当我们要传中的时候，把球传得高些，让她去抢吧。但是如果你要传地面球给她，请确保把球传向了她的右脚，因为她的左脚球感很糟糕！

说到贝姬和她的左脚，如果贝基打算从左翼传中，我们知道球很有可能到不了后门柱，所以我们最好保证至少有一个队友跑到近门柱旁接应她，因为那很有可能就是球落下的地方。

现在看我们的右后卫，凯莉，她一对一防守能力绝佳，但是她的腿部力量不够，所以要求她把球踢到 50 米开外是不切实际的。事实上，她的许多解围球都踢得太近了，所以当她不得不踢解围球时，我们的前锋就要回撤得更深一些，以确保能接到她的解围球。

到目前为止，你可能已经开始把我对这些虚构出来的球员的描述对应到你的队友身上了。非常好！这正是你现在应该做的！

如果你正处在绝佳的射门位置，这时你希望球传向你的左脚还是右脚呢？有可能你两只脚都很厉害，以至于你根本不在乎球传到哪只脚，但是我向你保证，你这样的人非常少。如果你更喜欢用某只脚而不是另外一只脚踢球，那么你的队友就不能有同样的感觉吗？有这种感觉是理所当然的！

这些是聪明的球员在不断思考的细节问题。你远比我了解你的队友，你们已经在一起相处有一段时间了，也许你可以告诉我哪一个球员跑得最快，哪一个速度最慢，谁的头球最好或最弱，以及谁擅长右脚而谁又擅长左脚。现在，既然你们已经获得了全部有用的信息，那么为什么不充分利用它们，来给你的队友提供最有可能成功的机会，来为你的球队提供最有可能赢球的机会呢？

几年前，我是一支美国女足联盟球队的助理教练。球队花名册上有一些来自大学一级联赛的优秀大学生球员，但不是每个人都能赶上我们最早的几次训练课。要打第一场比赛了，可我们中的某些球员都还没见过彼此。

当我们进入体育馆的时候，我无意中听到我们的两个前锋首次互相介绍自己。对话是这样的：

"嗨，珍（Jen），我是尼基（Nikki）。"

"很高兴认识你。"

"你想要球传到什么位置？是传到你的脚下，还是传有提前量的球？"

"我想要球传到我的脚下。"

"好的，我跑得快，所以传给我有提前量的球。"

整个对话只用了 10 秒钟，但是它解决了非常重要的事：确定了每个球员需要的传球类型以便她们发挥得更出色。许多球员花了半个赛季才弄清楚这个道理，但这两个人仅在她们见面 10 秒后就把它理清楚了。这难道不是更聪明的表现吗？

聪明的球员会认清队友的优点和弱点，进而做出有必要的调整，给队友制造最有可能成功的机会。

给教练的建议

还记得我在第一段提出的建议吗？是的，我没有开玩笑。把你的球员集中到一个房间里，让他们弄清楚每个队友的优点和弱点以及如何利用这些信息进行相应的调整。当球员们的优点都被放大，弱点都被队友弥补的时候，你们成功的机会就会多得多。

56

B 计划

在大学的时候，我曾是一名相当优秀的美式台球球员，甚至赢得过几次八球锦标赛冠军。大多数球员进步的方式都一样：你首先会想要弄清楚怎样把母球击向另一个球，使后者落袋。一旦你熟悉了这一点，你就会进阶到想要通过操控母球的走位来为下一次击球做好准备的层次，至少对我来说是这样的。但是我水平提高的真正的助力来自于我内心的沉着冷静，这份沉着冷静能让我在哪怕是已经做好动作准备击球的时候把球杆收回来。

美式台球是一种需要心理博弈的游戏。当你把球杆向后拉准备击球时，如果你感觉一切似乎都很安静，你的注意力很集中，你感到好似自己存在于一个奇妙的真空里，这时你往往会击球成功；但有时候，就在你推杆之前，你脑袋里会不知从哪里冒出一些声音开始大喊各种各样荒谬的事情，此时你知道你一定会失手的，你知道无论如何出杆都没有成功的机会。那么你做了什么呢？你还是出杆了，结果球打偏了。

我作为一名美式台球球员时所取得的最大的成就就是培养了沉着冷静的习惯。在这些声音将要毁掉我的击球时，我会冷静下来，离开球桌，做一次深呼吸，使自己回过神来，然后重新设置我的击球点。这样我的成功率便大大提高了。你可能觉得这个太容易了，但是，相信我，说起来容易做起来很难。

那这与足球有什么关系呢？很高兴你会这样问。这很重要，所以请注意了。

我有过与许多非常优秀的球员一起工作并对他们进行研究的机会。这一章是关于我从他们身上学到的最重要的事情之一的。当两名球员在技术能力和身体素质方面的差距可以忽略不计时，能比较出其中一名球员比另一名更优秀的标准就是，更优秀的球员能在紧要时刻保持冷静并调整自己的计划。我会在下文中解释这一点。

你准备接球，并且已经想好了接球后要把球传向哪里。毫无疑问，这球将会传得非常漂亮！如果你准备突然把球传给一个位于对方防守球员身后的队友，给他创造一个惊人的得分机会，那么你必须要做的只是把球停好，然后送出那记致命的传球。不幸的是，你停球停得稍微大了一点点——但就是这一点点刚好给了对手足够的时间去封堵你的传球路线。这时候你该怎么办？

根据我以前所看到的，你还是会按照原来的设想把球传向一个不再存在的缝隙。你拒绝接受新情况已经出现的事实，依然坚持着过去既定的计划，然后传了一个你内心深处也明白不会发挥作用的球。结果总是相同的：球被对方得到了。

无论你多么希望把那个有威胁的球传出去，仅靠良好的愿望是做不到的。不管你最初的想法有多美好，你不得不接受现实——这个传球机会已经错过了，必须开始考虑其他的方案了。

杰出的球员与其他普通球员的区别之一，就是他们能够接受半秒钟前还在向他们招手的良机在顷刻之间消失的现实，并能保持沉着冷静不强求的心态。当 A 计划破灭时你要尽快止损，临时制定一个 B 计划。

查尔斯·达尔文（Charles Darwin）的进化论的核心观点是以物种对不断变化的环境的适应能力为基础的。不适应的物种被淘汰，适应的物种得以生存和繁衍。这和踢足球一样。最好的球员就是那些能够适应瞬息万变的环境的球员。

在上文里我们讨论了传球机会意外消失的情况，然而这种情况在射门的时候也很常见。你可能正在禁区内，想着如果球向你传过来，你将会在第一时间射门，轻易进球得分。但是球却落在了你身后半步远的地方，或者它恰好在到你脚下之前弹了一下，因此你被迫要先停球并把它控制住。所有的人，包括你自己，都知道那个射门机会已经不复存在了。但此时绝大多数球员的理性思维都会暂时性地短路，他们依然坚持射门，结果射门要么偏得很离谱，要么被对方防守球员拦截下来。

当你在对方禁区内控球时，你与进球已经近在咫尺了。你最不想看到的事就是因一时冲动把球浪射出底线而帮助对手摆脱了困境。你一定也不想射出那种会被对方前赴后继的防守球员拦截下来的球。无论你多么想成为英雄，你都必须沉着冷静，回归现实。如果你的射门没有得分的机会，或者甚至连到达守门员面前的机会都没有，那么就不要活在自己的臆想世界里了，否则你会毁了你们队的进攻机会的。找到一个位置更好的队友，把球传给他。如果你有合适的机会或者至少有一半这样的机会射门，那就扣动扳机射门吧。但是射门前要冷静地判断两种选择之间的差别，然后再做决定。

足球场是一个动态的环境，场景总是在变化而且变化得很快，各种要素处在持续变化的状态中。在意识到原先的想法已经不可能实现时，能继续保持冷静并随时准备好调整自己做出 B 计划，这是任何一个想要成为伟大球员的人所必须具备的品质。伟大的足球运动员即使是在脚触球的那一刻都在评估他们的决定。如果 A 计划行不通，那么无论 A 计划原本多么完美，他们也会随时准备放弃它。

给教练的建议

　　沉着冷静是足球运动员非常重要的品质之一。缺少这种品质的球员很多时候都是在场上给对手做嫁衣。在训练课程中要向队员强调沉着冷静以及 B 计划的重要性。进行小场比赛和像"31训练"这样的控球训练（见第 8 章）都是培养球员这种品质的绝佳方法。

57

神奇的二对一

　　每种团队性运动都有一个共同点。不管是室内运动还是室外运动，不管是在草地上、硬木地板上还是在泥地上，不管是在陆地上还是在水中，不管是冰球、羽毛球还是其他的球类运动，开场时，两队球员的数量都是相等的。两支比赛的球队至少在人数上是相等的，这是实现竞技世界公平的基础。从竞技比赛出现之时规定就是这样的，而且这样的规定也会一直保持下去。当比赛开始的时候，你们队与我们队的球员数量相等。

　　在第一章我说过速度是足球运动中最重要的因素，我现在仍然坚持这个观点。在一定程度上，速度的重要在于它能给球队带来很多好处，比如有助于控球以及让对手疲于奔命等等。但是速度给球队带来的最大好处则体现为使球队在数量上占优势。速度和数量的优势到底谁先谁后？这就像在问到底是先有鸡还是先有蛋一样。我不想去争论这个没有答案的问题，只想说数量同样是足球运动中最重要的因素。而且在所有的数量关系中最重要的是二对一，它是足球运动中一种神奇的数量关系。

　　关于足球运动中出现的数量关系，让我们从一个简单的道理开始理解：人数越少对进攻方越有利，人数越多对防守方越有利。对拿球的一方而言，一对一比二对二要好，二对二比三对三、六对六、十对十要好。对没有拿球的一方来说，甚至六对八比二对二的情况好。人数多对防守球队有利，这就是为什么当一个球队有机会打成二对二的进攻时，它会竭尽全力地、以最快的速度把进攻向前推进。因为对手会全力回撤去防守，二对二很快就会变成七对七。你跟上我的思路了吗？

　　接下来要讲的是，在团体性运动中没有什么优势能比在数量上所占的优势更重要了。回想一下，当你还是小孩子的时候，参赛队伍都是在操场上临时组建的。组建队伍的时候最重要的是要保证参与的人数是偶数，这样才能确保两个队伍人数相等。当场上的总人数是奇数时怎么办？你不得不做出某种调整让两队都不能在人数上占有优势。你可能会让多出来的那个孩子坐在场地旁边，等着有人来凑成偶数后再加入，或者你们把他指派成固定不动的四分卫或者投手。不管怎样，总要找到一个方式让两支队伍人数一样。

若其中一个团队多出一个球员，将会使团体性运动出现很大很大的差异。这就是美国橄榄球联盟规定"如果某个队多出一人将被判罚点球"、观众在看到篮球运动员二对一突破的时候会激动得站起来、我们讨厌见到队友被红牌罚下但是又为对手得到红牌而暗地高兴的原因。在任何情况下，一方在人数上的优势都会改变比赛的进程。

为了进一步说明，让我们来看看曲棍球吧。我是北美职业冰球联赛（National Hockey League，简写为 NHL）的超级粉丝，而且我对曲棍球和足球之间的相似之处特别感兴趣。在我看来，曲棍球比赛就像是六对六的足球比赛，唯一的区别是曲棍球是在冰上由拿着球棒的家伙们把球像甩鼻涕一样打来打去。

我喜爱曲棍球的原因之一就是它的惩罚机制——受罚的一方必须接受对方"以多打少"的现实。当一方的某个球员犯规时，他会被罚下场 2 分钟，而该队就得在少一个人的情况下继续比赛。为什说这是一件非常重要的事情呢？因为在接下来的比赛中另一队将比该队多出一个球员！再说一下它为什么非常重要，因为在美国职业冰球联盟的赛事中约有四分之一的进球都是在以多打少的情况下出现的。在与足球类似的运动中，这个数据表明了在比赛中比对方多一个队员的重要性。

我希望我已经说服了你相信数量优势拥有潜在的巨大价值。现在，就要靠你去想清楚如何在比赛中尽可能创造出数量优势了。

对每一支足球队来说，最大的挑战之一就是在没有数量优势的时候去创造数量优势。能把这一点做好的球队毫无疑问会赢得很多比赛。所以你应该到足球场上去寻找二对一这样神奇的数量关系。

在足球运动中没有比二对一更重要的数量关系了。为什么？因为二对一可以很快转化成一对零。在场上的任何地方都可以制造二对一的局面，但是要想找到它们，你就得像是在玩脑筋急转弯的游戏一样，必须从大的图片里找到隐藏的小图片。聪明的足球运动员可以把整个图片分成许多小块，进而找到那个小图片。

我知道一本书是不可能教会你如何找出制造二对一局面的机会的，但是图 57.1 表明了交叉跑位可以把二对二变成二对一。如果交叉跑位执行得很成功，那么两名防守球员就都被摆脱了，这时二对一就变成了一对零了，至少暂时是这样的。

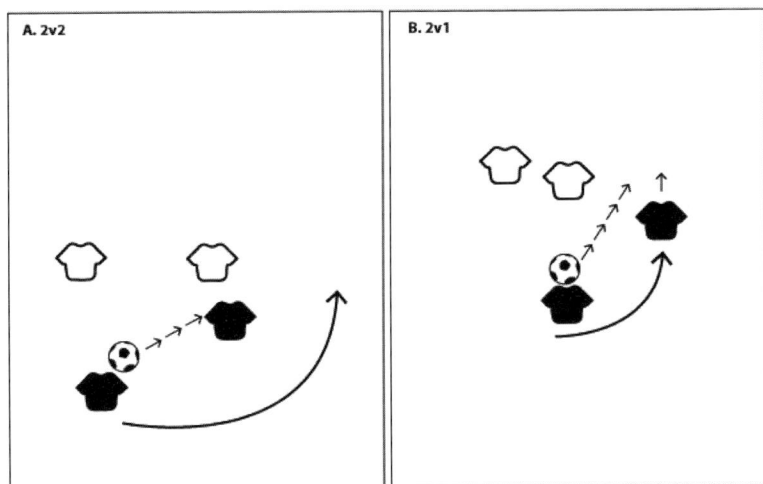

图 57.1　通过交叉跑位把二对二转变为二对一。图中单箭头平滑实线表示队员的无球跑位，多箭头连线表示传球线路。下文同

有很多方法可以使你从比赛场上找出制造二对一局面的机会。作为一个聪明的足球运动员，你应该主动去寻找这些机会，发现它们，然后利用它们，因为它们可以帮你赢得比赛。

给教练的建议

可以通过一些有边界的小场比赛，比如二对二、三对三和四对四，来帮助你的球员接受这个概念，这是一个很好的方法。比赛的目标是把球停在对方的底线上。增加一个中立的球员能更加容易地创造出存在这些数量关系的情形，但是最终，球员需要在比赛过程中弄清楚如何把数量均势变成局部的数量优势。

58

鱼钩式跑位

创造出二对一局面的最有效的方法之一就是用鱼钩式跑位，它也被称作"横向扯动，突然前插"或者"J"形跑位。

图 58.1 中，我们正试图在边线附近创造一个二对一的局面。

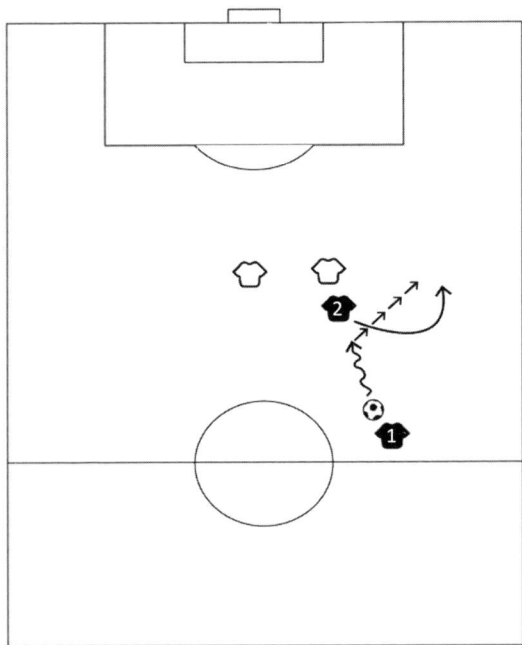

图 58.1 通过鱼钩式跑位创造二对一的局面。图中单箭头波浪线表示队员带球前进。下文同

在图 58.1 所示的情况下，对方的防守球员别无选择，只能缩在内线去防守持球的队员。这时，2 号进攻球员有三项任务。

第一个任务是扯动出足够大的空当让 1 号进攻球员给他传出直塞

球，从而过掉对方的防守球员。

第二个任务是保持不越位。

第三个任务是制造反越位。

那么他如何才能做到这三点呢？很简单，用鱼钩式跑位。

一旦处在高位的进攻球员意识到负责盯防他的对方防守球员准备对控球球员进行逼抢时，他就要立即加速跑向球场边线。因为对方的防守球员必须使自己保持在内线来防守进攻球员，所以这个跑位就在防守球员和边线之间扯开了一个空当。跑位的球员必须要足够靠近边线，以便创造出一条清晰的传球线路，这样才能确保传球不会被对方的防守球员伸脚破坏掉。

球员们最容易犯的错误就是在跑位时过早停下来，以至于没有为传球的队友创造出足够的传球空间，使他很难传出直塞球。因此传球的队友要么是传出的球被拦截，要么只能是稍作调整后将球传得短一点，但是这样又过不了对方的防守球员。无论哪种方式，都已失去了创造二对一局面的机会。记住，如果你是那位要采用鱼钩式跑位的球员，那么你不仅仅需要接到球，还要考虑在接球的同时过掉对方的后卫。

当处在高位的进攻球员快速扯边的时候，可以稍微向自己的球门方向回撤一点跑出一个曲线。这样他可以在对方后卫上前封堵时确保自己不越位，而且还可以在制造反越位前冲的时候为自己准备出一两步的加速空间。

顺便说一句，当你这样跑位时，你一定要全速向前冲刺，同时注意观察周围以了解球的运动情况。

如果你正确地做到了这些，那么你留给控球队友的将是一条轻松的传球线路，他只需要把球传到被牵制的对方防守球员的身后，你随之跟进过掉这名防守球员，从而创造出二对一的局面！恭喜你们！

如果你的队伍不能审时度势并创造出二对一的局面，那么你们想要赢球是十分艰难的。有许多简单的练习可以用来训练鱼钩式跑位。图58.2所示的传球练习就可以用来训练球员鱼钩式跑位。安排一名静止不动的后卫去防守控球球员，或者增加防守球员，使传球更具挑战性。

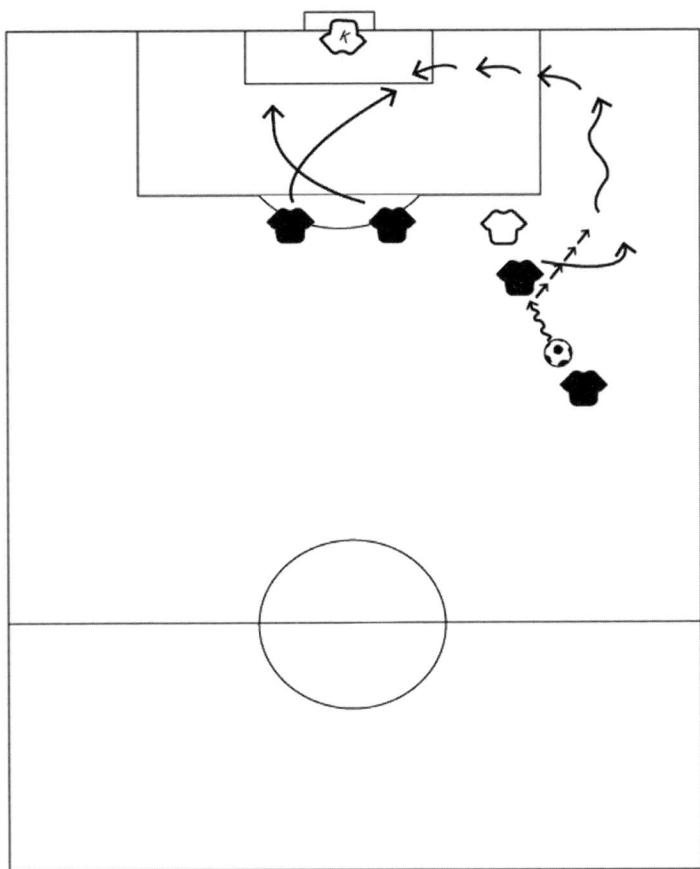

图 58.2　用来训练鱼钩式跑位的传球练习

59

跳出对方的包围圈

假设你是图 59.1 中的中场球员，你跑到两名对方防守球员的正前方来接应带球的队友。问题是，当你接到队友的传球时，你正好在那两名对方防守球员的前方，他们看到了传接球的全过程，所以他们很容易就能快速地接近你，使你几乎不可能转身。除了再把球回传给刚刚给你

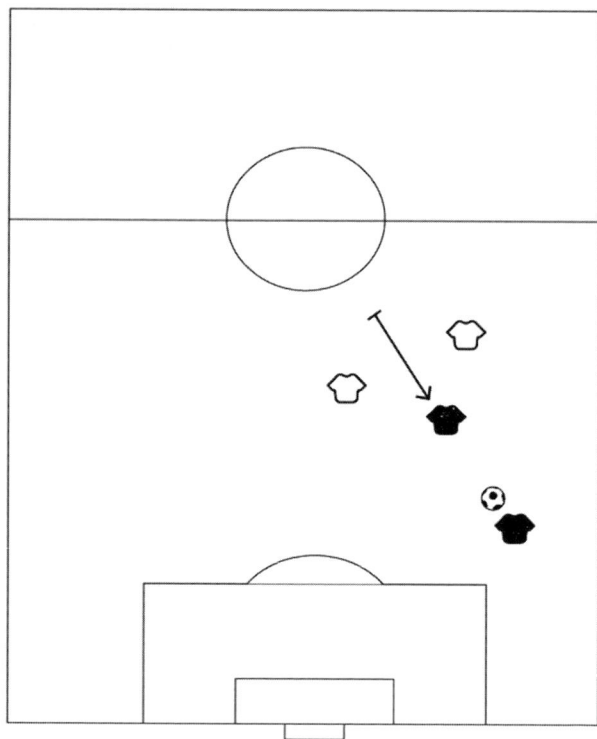

图 59.1　中场球员在对方两名防守球员正前方接球后被那两名防守球员包夹。短横杠表示队员接球前的站位。下文同

传球的队友之外，你很难有其他选择。其实我们可以做得更好一些，只需要很简单地调整一下。

想象那两名对方防守球员中间垒了一堵围墙。当你在他们的前方接球时，你就被围在里面了，但是如果你待在他们的身后，处在他们的视线之外，那么，当球传到你的脚下时，你是处在包围圈外面的。如果你在包围圈的后面接到球，那你将得到一个非常好的摆脱防守的机会。你会处在一个便于转身的位置，而且一旦转身，你就会有更多的选择，不会再局限于回传这一种选择了。

请记住，踢足球有时候就像是在玩"捉迷藏"的游戏。找到你是对方防守球员的任务，你用不着跳到他们的面前说："嗨！我在这儿！"。你需要更狡猾一点儿，如果你能够在对方的包围圈后面接球，一切就会变得更容易了。

在图 59.2 中，虚线代表对手形成的包围圈，进攻方的接应球员在包围圈的后面。他处在一个接球后便于转身的位置。

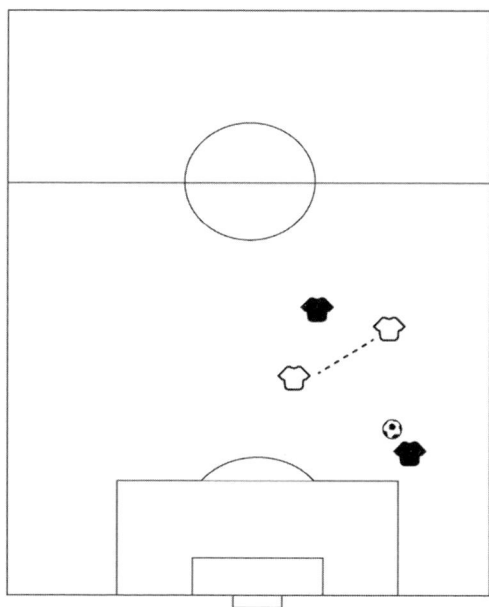

图 59.2 位于对方防守球员的身后接球就可以跳出包围圈

给教练的建议

　　懂得如何跳出对手的包围圈是所有球员都有必要掌握的技巧，尤其对你的中场球员而言，掌握这个技巧十分重要。中场球员是负责衔接前锋和后卫以及左翼球员和右翼球员的关键球员，他们就是那些决定你的队伍能否摆脱逼抢的人，所以他们需要学会跑到最佳的位置接球并转身。

60

越级传球

为了使本章易于理解，你需要把你队伍的结构划分成几层。从里到外依次是守门员、后防队员、防守型中场、攻击型中场，最后是前锋，这些是纵向划分出的层次。将球队横向划分出的层次依次是右翼球员、右翼偏中路球员，左翼偏中路球员和左翼球员。

我一直都喜欢以控球为基础的迂回式的踢球方式。我的训练课也非常注重控球训练，然而就如我在前文里所说的，这样做可能是有危险的，因为球员们会在任何情况下都习惯性地通过短传来解决问题，并且他们的视线也会局限在身体周围 15 米或 20 米的范围内。但是，短传并不总是最好的选择，如果你不清楚何时应该长传，那么总是短传会使你很快陷入困境。

足球像一块磁铁，球员们都被它吸引了过去，这就是用不了多久就会有一群人围在它周围的原因。一名聪明的球员应该能够认清周围的形势，当自己被对方一群人围堵时，就算短传能够把球传到队友的脚下，但最终球还是会被对方抢走。当对手逼抢过于凶狠的时候，聪明的球员知道这时需要越级传球。举一个简单的例子，一支球队可以通过他们的后卫来转移球，右后卫把球传给右中后卫，右中后卫传给左中后卫，然后左中后卫再传给左后卫。但是，如图 60.1 所示，当右后卫直接传球给左中后卫时，他就越过了右中后卫。实际上，他这就是越过了一层。如果左中后卫紧接着把球直接传给了一名前锋，那么他就避开了中场，这样中场球员这一层就被越过了。

无论你们队进行过多少控球训练，你们在场上的视野范围一定要大于身体周围 15 米的范围，而且当身体周围变得拥挤时你们必须要审时度势。在被对方很多球员围绕的情况下，做好准备长传吧。

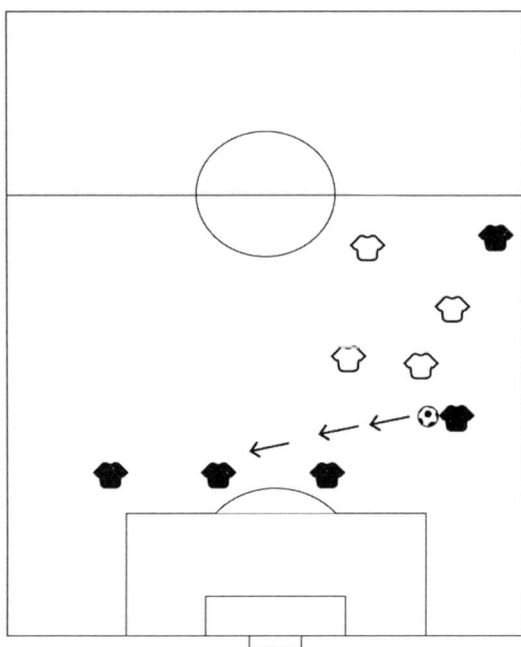

图 60.1 越级传球示例

给教练的建议

　　如果你们总是在小场地训练，那么你的球员会变得习惯于只进行短传配合。把控球训练和大场地结合起来，拓展球员们在控球时的视野。球员们需要明白，踢出一记 40 米远的长传球的真正价值在于它能够甩掉大量对手，摆脱逼抢。

61

传球给处在高位的球员

这一章很好地衔接了上一章"越级传球"的主题。对所有的足球运动员而言，掌握这个常识是很有好处的，但是防守球员尤其需要注意这一点。请原谅我将在本章中运用一点数学知识。

如果你希望向前传球，而此时你既可以成功地把球传给距离你最近的、位于你身前 10 米处的队友，又可以把球传给位于那个队友前方 10 米处的另一个队友，那么就选择传球给那个站位更远的队友吧。

如果你把球传给距离你最近的队友，而他由于是背身接球，不知道身后的情况，所以你可能是他唯一能选择的传球对象。你向前传了 10 米的距离将球给他，他又回传了 10 米的距离把球给你，你们一步都没有向前推进。实际上，这是一笔收益为零的交易。但是，如图 61.1 所示，如果你把球传给距离你 20 米远的队友，他同样是背身接球，那么被跳过的队友就处在他的视线范围之内，并因而立刻成为下一个接球的选择。所以你向前传了 20 米，然后你的队友回传了 10 米，于是你们就向前推进了 10 米。此外，最后控球的那名球员在接球时是面向你们队的进攻方向的。听懂了吗？

足球就像一块磁铁，尤其是对对方的球员而言，他们会被球吸引过去。所以，除了简单的推进外，长传更容易摆脱对手的逼抢，而且接球者在接球后会拥有更多选择。这正是我们想看到的结果。

对那些中场结构分为两个层次的球队（有的球队有攻击型中场和防守型中场）来说，这种情况更加常见。当后卫球员得到球后，防守型中场通常是距离他最近的球员，是他传球时最简单的选择，所以他往往会把球传给防守型中场。但是如果我们能把视线继续向前延伸 15 米，就会发现一条清晰的、通向攻击型中场的传球路线。如果我们能把球传到攻击型中场的脚下，那么防守型中场就可以成为他传球时的目标之一。

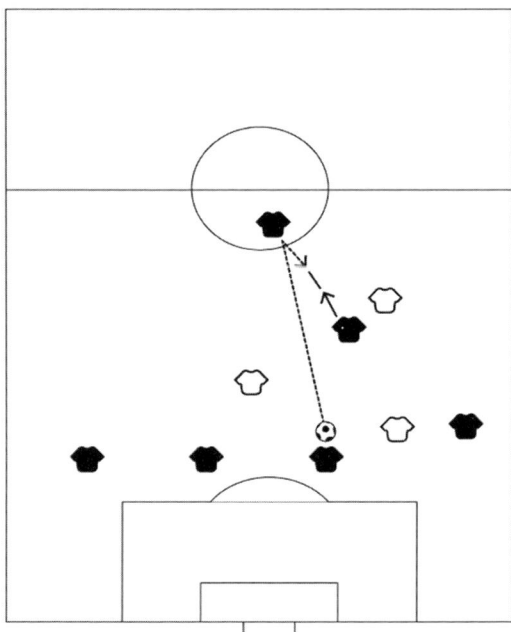

图 61.1　描绘了一种典型的情景，即长传摆脱了更多的对手并且为目标接球者提供了一个非常好的接回传球的选择。图中点线表示长传。下文同

如果在训练时你们玩控球游戏，特别是那种有指定方向的控球游戏，那么你们会有足够的机会来观察这种情况并修正你们在游戏中出现的错误。下面是我最喜欢的控球游戏之一，它会为你指出什么时候把球传给高位球员才是更好的。如果你读过之前的内容——优于 90°的接球线路——那么你也一定能很好地纠正跑位的错误。

"四个目标"游戏

场地大小为 45 米 ×25 米。每个队派 5 名球员站在线内，再各派 2 名目标球员分别站在场地两端的线外（图 61.2）。你可能需要一名中立球员来开球。目标球员之间不会相互防守，场内运动员不能出线去防守目标球员，目标球员也不能入场去接球。开始时目标球员每次接传球只能触球两次；目标球员不能直接把球传给对面本队的目标球员；目标

球员每两分钟轮换一次。没有越位规则。

球员们的任务是把球传给本队的一个目标球员然后接到其回传的球，再把球传给本队另一个目标球员并接到其回传的球，且在整个过程中不能丢球。简单来说，把球传到了该队两名目标球员的脚下并且期间没有失去控球权的队伍会得 1 分。你们可以连续两次或三次把球传给同一个目标球员，但是只有两边的目标球员都接到传球你们才会得分。如果你们把球传给一个目标球员后失去了控球权，那么在夺回控球权后，你们可以把球传给两个目标球员当中的任何一个。

在这个游戏里你可以有多种选择，以下是我喜欢的一些选项：

——目标球员被限制每次接传球只能触球一次

——场内球员被限制每次接传球只能触球一次或两次

——目标球员不能把球回传给刚才传球给他的球员

——给目标球员的传球必须来自中线之后

——当目标球员接到球后，他要立即成为场内球员，然后必须有另一名球员立刻补上他的位置

给教练的建议

实施图 61.1 中这个传球模式的关键在于要确保处在低位的那名球员不要位于球和高位球员之间的直线上。如果他刚好处在那条直线上，那么他就挡住了传球的线路，球就不可能传到高位球员的脚下了。因此，此时低位球员实际上是在帮助对方球队。如果他挡住了传球线路，那么处在高位的球员一定要告诉他离开那个位置。

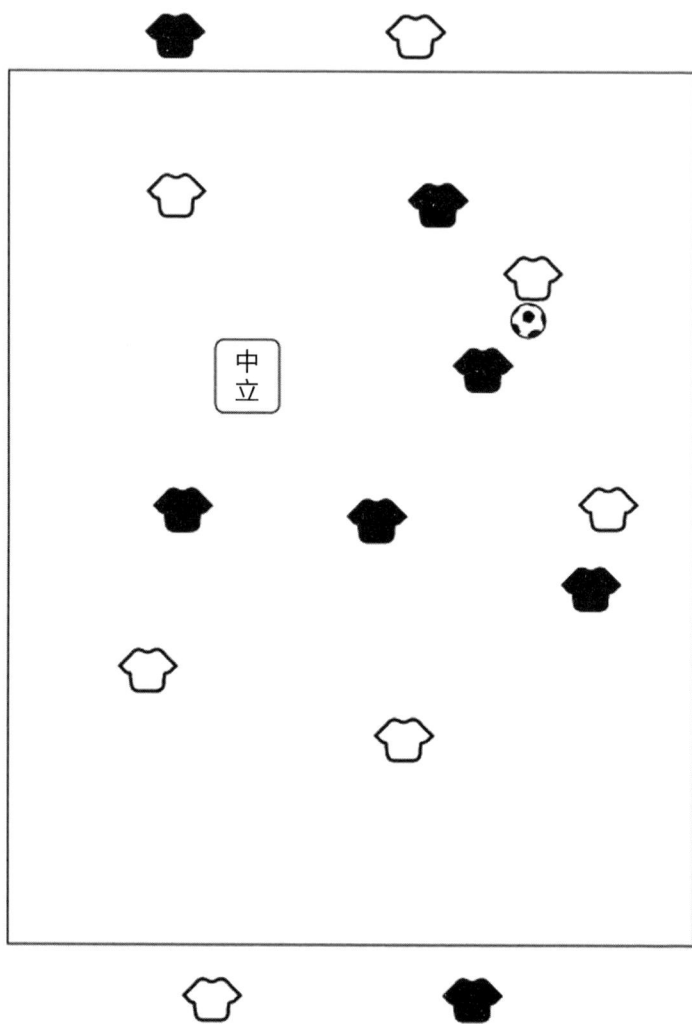

图 61.2 "四个目标"游戏

62

把球传向队友前方的线路

本章的标题清晰地表明了本章的内容。

本章最适用于一种情况，即我们设法传球给一名前锋，而他正在沿着对方的防线横向跑动或者斜向跑动，打算跑到对方防线的后面。但无论前锋选择哪种跑动方式，你的传球通常都会以失败告终，因为你的传球是向着他的身后送出的而不是将球传到他的前面。

在图 62.1 中，中锋想要一个从 4 号防守球员和边线之间的空当传

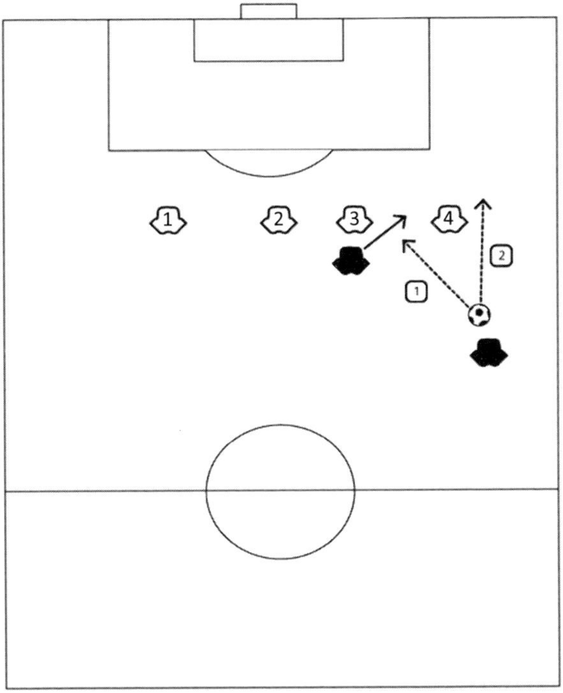

图 62.1　你要选择队友前方的某条线路传球，而不是传向他占据的那条线路

出的球，但是①号传球线路是传向 3 号和 4 号防守球员中间的空当的。

一般情况下，这个球会传到前锋身后几步远的位置，但此时前锋已经跑过去了，他完全拿不到球。即使你成功地把球传到了前锋的身上，这对他来说也是一个极其难接的球，因为他跑动时的惯性会使他跑到与接球的方向完全相反的方向上。现在他被迫立即停下、扭胯，然后用他拖后的那只脚接球，而实际上要做出这一系列动作远比描述的困难得多。哦，顺便说一下，他还不得不在对方后卫的逼抢下完成这些动作。

所以我们要如何修正一下呢？很简单。

首先我们必须要认识到一个事实，那就是我们是在给一个移动的对象传球。目标球员现在的位置与他即将要到达的位置是不同的，哪怕仅仅相隔了半秒，位置的变化也会很大。所以我们必须观察他跑动的速度以及前进的方向，并在头脑中快速计算，最理想的状态就是球到人到。另外，只要有可能，就不要向他身后的位置传球，直接给他传出垂直于底线的直塞球，这种直塞球对正在全速奔跑的队友来说更容易处理。

在图 62.1 中，②号传球线路是更好的选择，因为它为进攻球员提供的是一个跑过去就能接到的球，所以不要把球传向进攻球员所占据的那条线路，而要传向他前方的某条线路。

给教练的建议

第 16 章有一个图，那是我最喜欢的训练练习之一——"端区游戏"。这个练习会给你足够的机会去观察把球传向错误线路的球员并纠正他们的错误。

63

跳还是不跳

这一章是专门写给后卫球员的。

对方球队踢出了一记远距离的空中球，向着你飞过来，并且可能会越过你的头顶。此时对方的一名进攻球员也在高速前插，试图跑到球的落点接到这个传球。你的选择是，要么跳起来头球解围，要么转身跑向自家球门去处理球。

这种情况的空中球通常都会被转化为进球，因为防守球员要么误判了球的飞行线路，要么误判了自己的弹跳力。球要么飞过了防守球员的头顶，要么被防守球员无心地顶向了逼上来的对方前锋。这两种情况对于防守方来说都是不利的。

如果能够头球解围，你无论如何都要去顶这个头球。跳起来用头球把它破坏掉！但是，当你做出这个选择的时候，你要知道自己是在背水一战。如果你决定坚持选择跃起用头球解围，那么你一定要非常有把握才行，如果你没有成功，而是让球从你的头上飞过去了的话，你就完蛋了。因为当你停下，起跳，落地，然后转身往回跑的时候，你就再也赶不上那飞奔而去的对方进攻球员了。而且顺便说一句，他将得到球并且加速冲向你的球门。

所以，如果你没有把握，如果你对自己是否能顶到球有丝毫迟疑的话，那么就不要浪费你的时间起跳了，转身快跑，尽量让你的跑动线路与球的飞行路径保持一致。如果球从你头上飞过了，至少你还有放手一搏的机会——通过拼速度得到这个球。如果你很幸运的话，球可能会打到你的后脑勺或者你的脖子又或者打到你的后背。好吧，虽然这些可能看起来不是最佳的停球部位，但是球打到其中的任何一个部位上都比你冒顶了要好。

给教练的提示

　　我有很长一段时间是专门负责指导后防线的，所以，这个话题实际上我也和我的球员们谈论过。我极力主张你花几场比赛的时间来观察一下比赛中有多少次是因为某人尝试了一个不明智的头球而导致对手突破了你们的防线。让你的防守球员知道，在某个时间、某个地点，他只需转身往回跑就好了。

64

不要盲目回传

你是否有通过听声音来传球的经历？你脚下控球，你的头是低着的，然后你听见队友喊你传球，于是你就顺着他的声音传来的方向把球传过去了。你有这样做过吗？你当然有，我们大家都有过这样的经历，而且我们都侥幸成功了。然而我们不可能永远都那么幸运。

对你的对手而言，开启进攻的一个很好的方式就是截获你们的回传球。你的回传球离自家球门越近，它的潜在危险性就越大。你必须把风险管理纳入到你的回传球中。这里有一个我教给本队后卫球员的非常简单有效的经验法则：不要在没有看到你的传球目标之前就把球回传。

虽然这听起来很简单，但它却是极其重要的。我不希望我们的右后卫在没有看到中后卫之前就传球给他，也不想看到我们的中后卫（或者其他人）在没有确认守门员的位置之前就把球回传给他。你需要快速地观察一下周边的状况，这可以为你提供评估当前处境和做出决定时所需要的所有信息。你可以通过这些信息来决定回传还是寻找另一个解决方案，即使另一个解决方案意味着要把球踢出边线，送给对方一个界外球。

聪明的前锋都是掠食者，他们会诱使对方的防守球员做出危险的传球决定，然后再扑向球。这就像是一场捉迷藏游戏。保护自己最好的方式就是抬起头朝你希望传球的方向快速看一眼。如果你看到对方的前锋已经埋伏在附近伺机而动，那么你完全可以不给他施展能力抢断你的传球的机会，进而你也就无须因为失球而捶胸顿足了。

当你把球回传给守门员的时候，还有一个更重要的原因需要你首先快速地看一眼周围：你需要保证你能把球传到他的脚下而不是让球越过他。很多次乌龙球得分都是因为原本要传给守门员的球被传偏了。确保在你传球给守门员之前和他有眼神交流。不要送给你的对手乌龙球。

从球离开你脚下的那一刻起，到它到达你的队友脚下之前，整个传球过程都处于你的责任范围内。即使你感觉到了来自身后的逼抢的压力，你也必须在传球之前快速看一眼。如果不这样做的话，你就是在自找麻烦。

给教练的提示

回传球失误很有可能导致对手进球。我恳求我们的防守球员在他们把球回传之前先看一眼周围的情况。关键是说服他们，让他们相信扫一眼只需十分之一秒的时间。你必须强调要他们保持镇静。

65

自杀式传球

有这样一种情况：你是一个边路球员，比如是右后卫，球在你的脚下，你决定横传给中后卫。

你的传球可能会到位，也可能无法到位，但是请明白一点：你这样的传球是自杀式传球——足球运动中最危险的传球方式。这种传球方式不仅对后卫来说是危险的，对任何位置的任何人来说都是危险的。让我告诉你为什么。

在图 65.1 中，带球的左后卫正把球横传给中后卫，但是对方的前锋正在加紧上前拦截，一旦这个进攻球员抢到球，场上的数量平衡就会

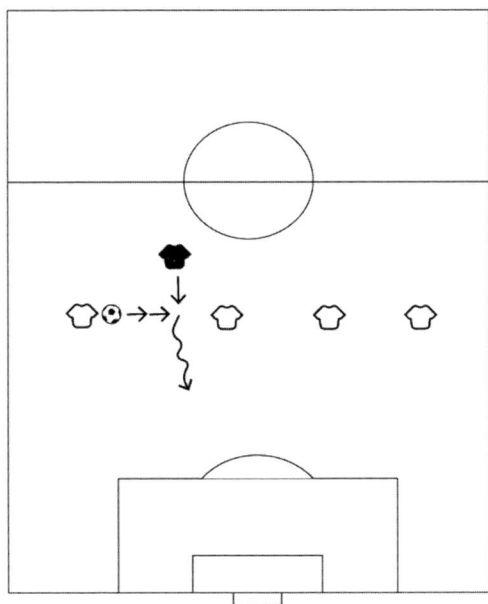

图 65.1　最危险的传球——在本方禁区前从外向内的横传球

被打破，局势便朝着不利于防守方的方向发展。打个比方，本来等式左右两边相等，现在两个后卫在等式中被减掉了（-2），平衡被打破了，而且已经跑到两个后卫身后的进攻球员直接威胁到了球门！当这样的情况突然出现的时候，坏事情就要发生了。

请记住当控球权发生改变的那一刻，进攻球员就已经启动进攻模式了，而此时那两名后卫很有可能还没反应过来——尤其是那个等待接球的球员。所以当开始拼速度的时候，后卫在一开始就处于极大的劣势。因为最初传球的边后卫在球的外侧，所以他不可能迅速回位对进攻球员施加压力。中后卫的胜算也只是相对高一点点，而且能否成功还要取决于事发地点离球门有多远以及他能跑多快。

正是因为这个原因，所以所有的横传球都很危险。其中由边线传向中路的横传造成的失球往往更难被原谅。在图65.2中，因为横传是从中间位置向外传向边线的，所以传球球员可能有机会预见即将发生的拦截从而起跑回位，这样他就可以跑到球和球门之间进行防守。这样你们可能会侥幸解除危险。但是，当被截获的横传是从外向内传的时候，你们就无能为力了，你们球队就有麻烦了。

我专门跟后卫讲了这个概念，不仅因为他们糟糕的自杀式传球对后果的影响最明显也最直接，还因为他们的这种传球被对手直接转化成了反击。但是不仅仅对后卫球员，对所有的球员来说这种自杀式的横传球都是危险的，尤其是球在你们自己的半场时。假设你们队在控球，球在距离球门45码远的地方，在球传出去之前，场上的人数比是6:5，你们占优势。但一旦传球被截获，人数比就变成了4:5，而且对手会疯狂地冲向你们的球门。这对你们的对手来说是一个特别好的时机。

在上一章我建议你永远不要轻率地回传球。那个建议在这里同样适用：在你横向传球之前，请看一眼周围并确保传球没有被抢断的可能。

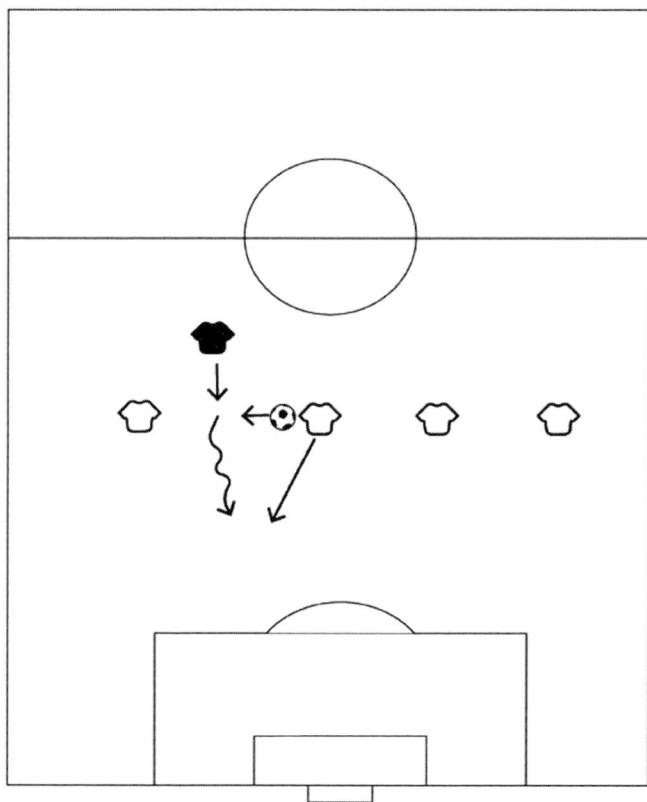

图 65.2　当足球被从内向外横传时，你可能会因为能够及时回位而幸免于难，但这同样是一个危险的传球

给教练的提示

　　你有没有听说过，足球比赛中出现次数最多的是丢球，并且都是因为自己的原因造成的？自杀式传球是证实这个观点的极好的例子。这个错误所带来的惩罚往往会转化为记分牌上的分数变化，所以要让你的球员意识到向中间横传的危险性。

66

有选择地战斗

　　这一章是写给所有有"运球强迫症"的球员的。每当球来到他们脚下时，他们都忍不住展现一下自己优秀的盘带技术。先说好的一面，如果你对运球着迷，那么很有可能你很擅长这个；如果你不确定自己是否擅长盘带的话，那么你需要问问你的教练。如果他告诉你你的盘带技术并没有那么纯熟的话，那么我的建议是少盘带，多传球，并且直接看下一章。但是，如果你真的是一名才华出众的盘带高手，那么我们就需要好好谈谈了。

　　一名有才华的盘带高手和一名高效的运球球员是有区别的。二者之间并不存在必然的联系。有才华的盘带高手有技术，运球流畅，善于变向，但是他的运球没有潜在的目的性，只是看起来很漂亮。因而有才华的运球球员可能是高效的，也可能是低效的。

　　高效的运球球员主导着场上的变化。他的盘带是有目的性的，也就是要尽可能快速地突破对手的防线来创造局部的人数优势并向前推进，进而继续创造进球得分的机会。

　　如果你是一名有才华的盘带高手，那么你应该争取成为一名高效的运球球员。你明白了吗？

　　几年前，我在大学足球联赛里指导过一名盘带技术高超的球员。就像你所期待的那样，他试图依靠盘球过人来解决所有的问题。为什么？因为他非常有天赋，他可以给对手制造极大的麻烦，可以用迅速频繁的变向晃倒对方的防守球员。问题是，有很多次，他只是沉浸在自己狂妄的、华丽的一对一表演中，却不知道自己到底要往哪里去，也不知道球该往哪里传，所以我们的进攻也一样没有目的。在他用盘带戏耍对手的时候，对方所有的球员都会回撤并组织好防守。所以当他在慢慢地赢得他的个人战斗时，我们输了全局。他的盘球给我们带来的更多的是危害而不是帮助，因为它的存在是以牺牲我们的局部人数优势为代价的。

每次盘带过人都是一场战争，每次战争都需要花费时间。当你的队伍发起进攻时，时间就是敌人。你个人战斗的时间越长，你的对手就有越多的时间来组织防守。当你的直接目标是盘带过人的时候，你完成得越快对你的球队就越有利。这难道不重要吗？

要想做一个高效的运球球员，你需要明白如何使你的运球符合全局的需要。就算你最终还是要盘带过人，你也需要明白在何时、何地传球才是更好的选择。盘带不是目的，盘带的目的在于突破对手、创造机会。如果你的盘带拖慢了进攻的进度，那么你就是在浪费球队的机会。

要想做一个高效的运球球员，你一定要有选择地战斗。如果与盘带相比，传球能让你的球队完成快速进攻，那么就传球。向前传球 30 米比向前运球 30 米要快得多。记住这个道理。

因为我们正在讨论的主题是"有选择地战斗"，所以我想说，如果你正面对着自家球门，身后对手正在逼近，而此时你下方有队友在接应的话，那么这可能是你展现自己无私天性的最佳时刻。传球吧，早点选择你的传球对象。有一种现象让我特别气愤，那就是有时处在这种情况下的球员非得要尝试了两次或三次带球过人失败后才意识到那是不可能做到的，然后才决定把球回传给队友。如果你总归是要把球传回去给他的，为什么就不能早点传完了事呢？你的传球拖得越久，就会使准备接球的队友的处境越困难，与此同时也给了你的对手更多的时间去组织防守。你的队友已经面向你想要去的方向了，如果你把球快点传给他，很有可能问题早就解决了，所以请你快点传球！

一般来说，你可能想根据你接到球的地点来决定"运球还是传球"。很多教练更喜欢让你们在身处中后场时首先考虑传球，在身处前场时尽情展示你们的盘带技巧，因为在前场一对一过掉对手时经常会出现传中或者射门或者其他得分的机会。你要明白，就算你在自己的后场盘带过掉了对手，你与对方的球门之间也仍然有着 70 米的距离。请记住，一切都要以大局为重。

给教练的提示

我指导过几名在场上盲目盘带不顾大局的球员，他们每个人都是在注重脚下步法快速灵活的训练环境中成长的。这些球员很擅长运用这些步法而且喜欢展示他们变向的能力，但他们往往看不到他们这样的"树"所在的整片"森林"。在给这类球员强调这个问题的时候，我给他们解释盘带过多是如何拖慢全队的进攻速度的，并且告诉他们，我们不需要他们在每次拿到球的时候都像在——向我们展示他工具箱里的每一件工具一样展示他的盘带步法。接着我们要求他们开始更谨慎地选择战斗方式。当他们开始这样做的时候，他们成了更加高效的球员。

67

目标越小，失误越少

我最近即兴做了一个小实验，实验对象是 5 名我的大学生球员，他们在训练课前给自己加练射门，所以我决定让他们做侧身凌空抽射。他们在球门前 10 米处一字排开。我跪在离他们大约 4 米远的地方，所有的球都在我的手边。我轻轻抛给他们半高球让他们一脚射门。总共有 40 个球，所以每名球员有 8 次射门机会。第一轮结束后，大约一半的球进了；另一半被踢飞了或者偏出了球门。

第二轮我改变了一下形式，我放了一个木凳在球门线中间。现在他们的目标是侧身凌空抽射射中木凳。这一轮结束的时候，凳子被打中了 8 次或 9 次。结果不是很好，对吧？我们来看看这个……在第二轮进行的 40 次射门中，只有一次球高出了球门，其余 39 次球都落在了球网里。这以他们中任何人的水平来说都是一个很了不起的进步。

当球员们可以选择整个球门作为射门的目标区域时，他们没有在球门里选择一个具体的点作为射击的目标。因此他们在技术上没有进行严格把控，所以射门不是很准确。可一旦他们必须把注意力集中到一个小得多的目标上时，他们的球就不会错过球网了！

我强烈赞同给自己预留尽可能多的误差空间的做法，尤其是在射门的时候。你可能射偏，也可能打高，但实际上是不可能把球射进球门的地底下去的。

整个球门为射手提供了一个约 18 平方米的目标区域。木板凳则只有 2 米长、0.5 米高，为球员提供的目标区域仅有 1 平方米。不用说也知道，他们打不中木凳的次数要比打中的次数多得多，但是集中注意力于一个更小的目标则给了他们更多的误差空间。即使他们错过了板凳，他们依然把球射进了球门。

当你离球门很近而且你要射门的球是在空中时，你要瞄准球门线，试着把球踢到球门线上让它弹进网窝。当你像这样瞄准小一点的目标时，你就给自己留下了大约 2 米的误差空间。球门内侧有近 2.5 米高，这是一个很好的缓冲空间。我的意思是，你能够在偏出目标 7 英尺远的情况下照样得分。

当瞄准小目标的时候，你草率地射门的可能性会更小。你更有可能会集中注意力并且减小摆腿的幅度。那意味着什么？意味着你有更大的机会进球得分。这难道不是一件好事吗？

给教练的建议

由于上述原因，我经常会在射门训练课上放一个小目标在球门线上，比如木凳。让人感到吃惊的是，在目标变小时，球员的注意力是那么的集中。我们甚至做了一个 8 厘米 ×60 厘米的便携式"球门"，用它来训练球员射击迎面飞来的球非常好。球员经常会把球踢飞到月球上，所以小一些的目标能迫使他们减小摆腿的幅度，能使他们更专注于踢球的部位和脚法。

68

我讨厌这样跑位，你应该也一样

假设你是一名中锋，你的边路队友正在侧翼控球，并刚刚突进到对方的禁区前。他面对着对方的边后卫，准备开始他的一对一决斗。这时你会做什么?

实际上，很多人往往都这样做：如图 68.1 所示，你斜插跑向角球区，调动了对方一名后卫跟你一起跑过去。现在一对一的战斗场地变得有点太拥挤了，控球队友不得不重新寻找机会组织进攻。这个跑位很好地阻

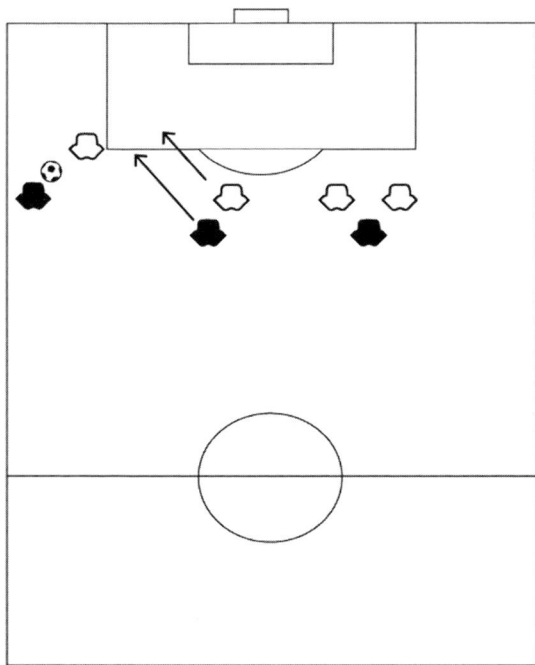

图 68.1 对突破到禁区前沿准备一对一解决对手的边路队友来说，你这样的跑位方式只能阻碍他的进攻

挠了一次令人期待的进攻，并让其瞬间烟消云散。

让我们从小问题说起吧。如果你的边路队友沿边线把球传给你，那么你只有一种方法可以接到球，那就是被对方后卫死死地压在边线上，背对着整个球场（包括你所有的队友）。你可能至多获得一个角球，但往往都会以被判罚掷界外球而结束，而且球通常是判给对方的。

这里还有一个更大的问题：你把边路队友的一对一局面全给毁了。他好不容易获得一个和对方后卫一对一的机会，并正准备过掉这个没有后援的后卫，但是这时你跑过去了，而且还帮对手把后援（跟着你的后卫）带去了。听着，一对一是一个明显的攻击局面。如果你的边路球员很擅长一对一的突破，那么就不要去打扰他，让他自行完成自己的任务就好。如果对方没准备去给他们的边后卫提供支援，那你就不能逼迫他们去提供。就让你的队友单独做好他的工作吧，你只需要来到球门前等待他的传中就行了。

给教练的建议

一些教练会打心底里不赞成我在这一章提出的观点，这没关系。不过我很高兴看到对手这样跑位。在我看来，那就让他们按照他们的想法攻击角旗吧。球员们会这样跑动的原因是边后卫和边线之间的空当是最容易进入并接球的地带。因为那里对对手而言最不容易产生威胁，而且防守起来也最容易。如果你在这一点上赞同我的话，这里还有一个补救方法：把图画在黑板上，然后到球场上去训练跑位，如果你的中锋还是这样跑位，那你就要大声地呵斥他。

69

防守时不要抬手

当你试图拦截对方的射门或传中的时候，你要把手放下来放在身体两侧，如果有可能，你最好把手放在背后。因为在这些情况下，球很有可能会冲着你张开的手臂而去，结果往往造成手球犯规。特别是当你在本方的禁区内手球时，后果会变得更严重，因为这些手球通常会被判罚点球，并最终转化为进球。

顺便说一句，有时候进攻球员从禁区边缘传中，球不是打在防守球员张开的手臂上被弹回去的，而是打在了防守球员身体的其他部位，但结果还是被吹罚了点球。我见到过很多这样的例子。我还见到过两次传中的球结结实实地砸在后卫的脸上结果防守方被吹罚了点球的情况！那些动作发生得太快了，以至于裁判很容易被假象所蒙蔽，尤其是那时你的手还在身体两侧张开着，挥舞着。不要抬起手，把手臂垂下然后背到身后去，这会是一份很好的保险。这使裁判没有任何理由因为不存在的犯规而判罚点球。

不过，说起来容易做起来难，原因有两个。首先，身体在运动时会使你的手在不经意间抬起来，所以你必须有意识地努力把手放下去。这做起来并不容易，但是你肯定能做到。其次，你要在对手射门或者传中之前就意识到你即将上前去封堵射门或者传中，然后立刻做出决定把手垂下。

在封堵射门和传中的时候，往往要面临两个挑战，身体控制是其中之一，也是比较容易面对的那个。面对更难的那个挑战时则需要你展现出良好的、无畏的勇气。当对手正准备朝你的方向发射一枚"导弹"的时候，把手臂放在身体两侧站在那儿是需要特别大的勇气的。但无所谓了，你无论如何都要去做。拿出勇气站在球前面吧，就像你要去为总统挡子弹那样，要有意识地选择勇敢。如果那个球打到你了，是的，会有一点疼，也许会很疼。但你知道吗，10 秒钟以后就不会疼了，你会继续比赛。但是，如果你抬起手来保护自己，然后球打在了你的手臂上，那么你就刚好送给了对手一个进球。勇敢，才是最好的选择。

给教练的建议

封堵射门是有技巧的，需要的远不止勇气。封堵射门是一种技能，你可以指导你的球员去提高这项技能，如果他们没有勇气去这样做也没关系。我把我们封堵射门的球员视作英雄，会在他的队友面前满腔热情地表扬他的勇敢。如果没有勇敢的球员，那么球队是赢不了比赛的。有时候，你只需鼓起勇气坚持两秒钟，英雄们都是这样做的。

70

好的表演场

棒球比赛中出现了三个坏球和一次击球，接下来的投球投在好球区的外边缘，击球手马上快步走向一垒，因为投球手投出了四次坏球（在棒球比赛中，投球手若投出四次坏球，则击球手被保送上一垒）。但真的是坏球吗？裁判并没有鸣哨。为什么击球手会在裁判对第四个球做出判决前就前往一垒呢？因为他正在试图使裁判相信，那第四个球不是好球。是的，所有的运动中都存在演戏的现象，足球也不例外。

可能没有人想大声说，要想成为一名聪明的足球运动员首先要成为一个好演员。裁判也是人，他们不可能每次都看清楚发生了什么，所以很多时候他们鸣哨都是因为受到球旁边的运动员的即时反应的影响。你需要消化这个知识点并且将其熟练地运用到球场上去。

首先，不管任何时候，只要球出界了并且应当由你们队获得球权的时候，你要指着你进攻的方向喊"红队球！"或者"角球！"来强调这个事实。尽管从理论上来说你不必如此，但无论如何你都要这样做。为什么？因为如果你不喊"角球！"，对方球员就会喊"球门球！"，而裁判可能会被动摇并判给对方球门球。面对现实吧，这种情况的确发生过，而且出现了很多次。

有时你会遇到一种球队，他们就像是被训练过一样，即使某个球很清楚地应该归对方所有，他们仍然要去与裁判争辩来抢夺每一次掷界外球的机会。每次球出界的时候，他们都会 15 个人一起喊"红队球！"。比起他们无休止的抱怨，更让人讨厌的是有时候他们的抱怨真的得到了回报，因为裁判刚好没有看到刚才发生了什么。除非结果很明显，球权本来就是你们的，或者一切发生得太快了以至于裁判都很难做出一个明确的判断，否则我并不支持你们去争抢球权。如果你认为边裁在裁决上有困难，那就行动吧，看能不能"偷"到一个掷界外球的机会。

如果你想要把掷界外球的机会"偷"到手，你一定要表现得就好像球权毫无疑问就是属于你们的一样，而且要让任何有不同意见的人都看上去像个白痴。你一定要让人信服而且动作一定要快，你必须同时做到这两点。有的球员差一点就"偷"到了，他把球立刻捡起来举过头顶，这样每个人都相信球权是属于他们的。他离完美犯罪（偷球）只差半秒钟，因为到目前为止他是很让人信服的，但是接下来，他搞砸了，因为他会首先看一眼裁判，确定自己是否伪装成功，然后才掷界外球。然而就在他轻微犹豫的那一刻，一切都完了。裁判额外获得了一秒钟的时间在脑子里回放场景，并且从球员的眼中看到了内疚，这对裁判来说已经足够吹哨并把球判给另一支球队了。如果你准备偷天换日，就要赶快把球掷回场内。裁判是不太可能会叫停一个已经回到场中的球的。

手球是另一个实例，可以证明好的表演也许可以救你的球队。当球突然打到你的手臂上的时候，裁判可能会吹哨也可能不会。你千万不能坦白，特别是在自己的禁区时。我能给你的最好的建议就是继续比赛，不要有丝毫的犹豫，就像球从来没有碰到过你的手臂一样！吹罚点球对裁判来说是一个很难做出的决定，但是，如果你在被球打到后停了下来，即使只是一瞬间的停顿，那么你就是在邀请裁判吹哨。如果碰巧球砸到了你的前臂，势大力沉，请你看在老天的份上，千万不要马上揉，至少要等到时过境迁，裁判不会再吹哨的时候再揉。你要装作什么都没有发生。你手臂的疼痛很快就会消退，而被罚点球的痛会持续很久。

在我们打小场比赛的时候，当球出界时，如果本该得到这个球的一方没有声索球权而另一方这样做了，我会让后者得到发界外球的机会。这时，第一个队里的某个人会清醒过来，说："等一下，那应该是我们的球！"

我会告诉他和他的队友："太糟糕了，你本应该在球越过线的时候就说点什么的。"

我以前说过，但我想再强调一遍：你不是在做慈善。你一定要全力争取属于你的发球权力。

给教练的建议

　　对出界的判罚很像失物招领——谁第一个认领，球权就归谁。向裁判声索球权，特别是索要那些本来就属于你们的球权，是一个相当重要的话题。你希望你的角球成为对方的球门球吗？

71

总要得到点什么

当你被困在边线或底线上，你想为球队做出贡献的希望都破灭的时候，就想办法争取得到点什么吧！

是的，我知道你更想踢出一个漂亮的传中，让你的队友将球凌空抽射进网窝，但是当它已经不可能发生的时候，就启用 B 计划吧，去赢得一个界外球或者角球。怎么做呢？很简单，只需把球踢向对手的小腿，接下来躲开从他腿上弹出的球就可以了。有些聪明的前锋会引诱对方后卫跟着他们去底线，这样他们就能让球从后卫身上弹出底线从而赢得一个角球。

是的，我知道掷界外球没有太大的用处，但是至少你们队得到了球权，这没什么不对。如果你能够赢得一个角球，那当然更好了。

关于这个话题，让我们换个角度考虑下。比如说，你现在把对手压制在了边线，他失去了控球的平衡且面向自己的球门。此时他试图转身沿边线向前大脚解围，这时你一定要赶紧判断出他的解围球踢在界内的可能性有多大，如果他的胜算不大，那么你要尽快闪开。

边后卫们经常会遇到这种情况，很多时候本该直接出线的解围球却因为打在了逼近的对方前锋身上而弹出了界外，于是后卫得到了掷界外球的机会。如果眼看他就要踢球出界送你一个界外球了，那么你要赶快跳开。请记住，得到点什么比什么都没有要好。

给教练的建议

争夺发球权是有一定技巧的，它不是偶然发生的。你可以把这部分内容融入你们的控球训练和小场比赛中去。

72

掷界外球的转换

当球出界时，你和对方球员在边线上抢着去捡球。你抢先捡起球准备掷界外球，对手则认为这是他们的界外球，所以他也站在边线外并试图阻止你掷球。裁判用手势示意，他把球权判给了你的对手。你该怎么办？

首先，千万不要把球递给他，因为他会趁你还没有归位就把球掷出去。其次，不要把球扔出 15 米远或者做些其他的蠢事，这会让你吃到一张黄牌的。

想要一个简单、不会得黄牌、能够延缓对手掷球的方法吗？

那就是你要在重新归位的同时，把球扔在场内离边线 2~3 米远的地方。在对手走进场捡起球，然后走出场准备发球时，你和你的队友应该都已经就位了。在对手捡回球的这 5 秒中，你可以把对手快速掷球对你产生的威胁消弭于无形。

这是一件小事吗？

是。

这件小事重要吗？

当它涉及输赢的时候就显得重要。

给教练的建议

我被在这种情况下自愿把球递给对手的球员的数量惊呆了。你向你的球员解释和说明本章所强调的注意事项只需 30 秒，而它会让你免于经历无数的头痛。

73

聊胜于无

你在左边路带球向前突破，深入到对方的底线附近。对方的后卫被你甩在身后半步远的位置。现在球已经处在一个最佳的传中位置，你的队友正冲进禁区准备抢点。但是在这个关键时刻，你突然想起自己不是左脚选手，所以你没有传中而是决定把球扣回你的右脚。就这一下，这次进攻就失败了。

通常来说，上述进攻的终结是因为你把球扣回到了你和对手之间，此时球往往就被对手破坏掉了。有时候球扣回来得十分利落，使你能够甩掉对方的后卫，可是球却落在了你的身体下方，即使你勉强在身体失去平衡的情况下传中，也很难将球传到有威胁的区域。或者你不得不再次触球，把球从身体下方向外拨一点再传中。但是此时，对方的球员都已经回到禁区，而且你的队友已经停止了跑动。总之，不管你采用哪种方式，都不会有好的结果。

我们该怎么办呢？对你来说，解决这个问题最简单的方式就是你要学会使用你的非优势脚。相信我，这真的和听起来一样简单，只需要一些练习就能做到。即使你用左脚踢球永远都不会像用右脚踢球时那样灵活，但它也一样会起作用的。仅靠一只脚踢球的时代已经过去了。如果你对足球已经重视到会买这本书来读了，那么你需要具备可以用任何一只脚踢球的能力。当我写这本书的时候，我们佐治亚大学队中没有哪个球员不具备可以使用任意一只脚踢球的能力，包括守门员在内。现在，要想成为一名优秀的大学球员，你至少需要具备用非优势脚踢球的能力。

那么，你应该开始训练你的非优势脚了，但是可能需要练习一到两个星期你才会有明显的进步。如果明天你在左边路，而且又到了需要传中的时候，那么你该怎么做？

就用左脚传中吧。

为什么？

因为有总比没有好。当你尝试着把球扣回到右脚的时候，你最终很有可能什么都得不到。在招聘球员的时候，我时常看到球员们犯这样的错误。他们没有抓住机会及时把球传进对对方有威胁的区域，而是奋力地把球倒给那只优势脚，于是什么都没有得到。什么都没得到！你一定要把球传出去，运气好的话这会成为一个很好的机会。

如果你在正确的时间传中了，那么可能不需要你将球传得很完美。把球送到对对方有威胁的区域已经足够你们创造出具有破坏性的进攻机会了。无论如何，这都比一无所获要好得多。

给教练的建议

我们都有那种不愿意用自己的非优势脚踢球的球员。在训练中，俯卧撑是治疗这个小毛病的妙招。如果这种状况发生在比赛中，那就把他换下场。

74

无人接应的传中球

传中可以创造出绝佳的进球机会。如果一记漂亮的传中越过了数名防守球员并且刚好处在守门员的控制范围之外，那该是一件多么让人高兴的事啊。传中是一项很有价值的技能，如果你具备这个技能的话，你将大受裨益！

但是请尽量记住，如果没有队友在禁区内接应你，即使是最漂亮的传中也是无用的。有时候前锋处于这样一种境况——他在边路靠近底线的地方，而他的队友都远远地落在后面。在绝大多数情况下，那名前锋球员会在没有评估禁区内的实际状况的情况下草率地传中，或者他虽然意识到了禁区内无人接应，但他过于相信自己的传中能力以至于不管三七二十一还是把球传出去了。不管哪种原因，结局都是一样的——惨败。

如果你发现自己处在这种情况下，一定要拿出一点自制力，想一想大局。不管那个球的位置对你来说是多么合适，不管你的传中会有多么精妙，如果没有人能接到它的话，那么它对你们的球队就一点好处都没有。在这一点上你同意我的观点吗？如果没有队友突入禁区，那么你送出的任何传中都可能变成给对手的捐赠，而你这次原本有希望成功的进攻就会在无声无息中被扼杀掉。

那么你应该怎么做呢？

对，你要停下来，然后做出聪明的决定来面对现实。你想："嗯，能传中并创造出进球得分的机会当然是最好了，但是那已经不现实了，所以我要做的是为球队控制住球，并且等待队友们赶上来，这样我就能尝试着创造另一个进球得分的机会。"所以你可能要绕回到边线，然后把头抬起来寻找一个正在上前接应你的队友。

是的，这比不上送出精妙的传中球给队友创造出冲顶射门的机会那样有荣耀感，但是这比把球送给对方真的要好太多太多了。

我们之前讨论过，而且在这里也同样适用：当 A 计划不再是有效选择的时候，就开始用 B 计划吧。

有时候可能有一个队友正冲向禁区，但是他刚好到达禁区线而没能够按时到达指定位置。在类似这样的时刻，你可以把传中球踢得比平时高一点。让球在空中多"飞"一会儿，也许能够为你的队友争取一点时间，使他可以跑到门前去抢点。

给教练的建议

当你安排传中训练的时候，请要求传中的球员在传球前看一眼周边的情况。太多的球员都是在盲目地传中。无论是否有队友在禁区内，一名球员在传中前要做的最重要的事情之一就是快速看一下球门前的情况，这会使他获得所有关于落点和时机的有用信息，以及避免传中时没有队友接应的尴尬。

75

逆流而上

我们将继续讨论传中的主题。同样，我们选择一记从边路的开阔地带被带向角球区、看上去很有前途的传中球作为开始。为了更便于你理解，我们假设你正从中场插上，试图跑到球门前去接传中球射门。

请你想象一下，足球场是一张平整的桌子，所有的球员都是桌子上的弹珠。无论球到哪里，桌子都会向着那边倾斜，所以，弹珠自然也会滚向那个方向。这是球场上即将出现传中时最真实的写照。球员们跑过去接应带球的队友，对手也朝那边移动，要么是追防对方接应的球员，要么是去抢球，甚至连守门员都会向那个方向移动。如果你从上面往下看，球员们看起来就像一群鱼在游向下游。

你必须要了解，教练指导过防守球员要关注两件事——上前接应的球员以及球——所以当传中即将发生、你和其他人都向球的方向移动时，这两件事对后卫来说就是很容易能完成的任务了。后卫只要跟着你跑就行了，这样他就能够在同一视线范围内同时盯住你和球。

现在，重点来了，如果你向远离球的方向跑（就像图 75.1 中的攻击型中场队员那样），你就给防守球员出了一个大难题：如果转身去追你，他就看不到球；如果看着球，他就看不到你。

防守球员应该做的是不要管球，转身紧紧跟着你。但是他这样做的可能性有多大呢？他们几乎从来没这样做过。

在那个瞬间，在那个需要做出关键决定的瞬间，很少有防守球员会牢记教练的教导不去管球，专心负责盯防你。当球吸引着所有的人都向着一个方向移动的时候，防守你的那个后卫很可能也会随着人流移动，或者停下来不动。这都无所谓，因为不管怎样，他都不会跟着你。如果你能控制自己不随波逐流，那么你会发现自己可以在无人防守的情况下获得很多接传中球头球攻门的机会。

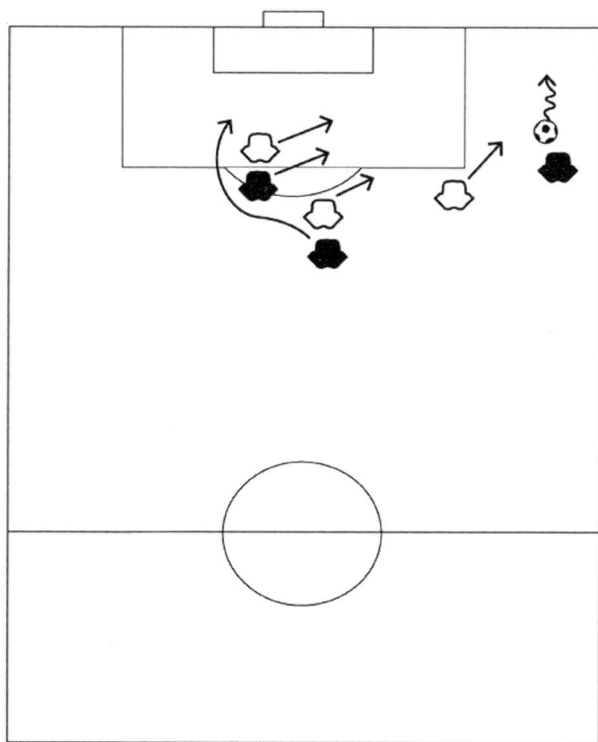

图 75.1　在其他人都跟球跑动时，攻击型中场球员的反跑示例

　　这对一名拖后的进攻队员（比如中前卫）来说是非常有效的跑动方式。因为当他准备进入禁区的时候，大多数的"鱼"都在成对地游向球的方向。如果你认识到了这一点，而且学会逆流而上，那么你会看到大多数的防守球员都会从你的身边跑过，就像你不存在一样。

给教练的建议

我发现，要把本章所强调的内容贯彻下去比听起来难得多，而且比理解内容的难度要大得多。球员们太容易被球吸引过去了，以至于使说服他们转向其他方向跑动变得特别困难。朝远离球的方向跑动对他们来说是违反本能的行为。想想好的一面，如果你能够使你的一名球员相信这样跑动是有好处的话，那么用不了多久他就会从中受益。我曾经指导过的两名球员，他们基本上就是靠这样的跑位立足的。一旦他们意识到了这种跑位是极有效的，你就没有必要再多说什么了。

76

猫和老鼠

如果你是一名进攻球员，那么这一条建议能改变你的人生，所以请注意了。

假如球已经被进攻球员带到了球场的边路，目前他正在酝酿如何把球传到中路，所以你准备冲向对方的禁区接应这个传球，脑子里也已经在想着进球后如何庆祝了。此时对方的一名防守球员在你的前方盯防你，他的目的是不让你抢到传中球。

让我们首先从防守球员的角度来看这个问题。当传中球要发出的时候，后卫当然要站在进攻球员和球门之间。所以通常在你和他之间都会有几米的缓冲地带，以防止你突然加速越过他。但是过了某个点之后，后卫会开始减速并让你追上他。如果后卫很专业的话，当你靠近点球点的时候，你和他之间的安全地带会完全消失。站在后卫的角度来看，理想的状况是，当传中球到达门前时他与你是肩并肩站着的。

让我告诉你大多数后卫在这种情况下会犯的错误。当球传到门前的时候，他们往往不会集中注意力去保持与你肩并肩站着，而是专注于不让你站在他与球门之间。实际上，他把这场战斗转变成了面向球门方向的赛跑，我的意思是通常他会背对着你跑向球门。

现在，你想知道你经常会犯的错误吗？当他转身跑向球门的时候，你通常就会在他的身后追着他跑！说真的！看起来就像是那个防守球员把你的苹果手机抢走了，你拼命地想抓住他一样！

听我说，那个防守球员的任务是当球传到门前的时候对你进行盯防。如果他想跑开，那就随他去吧！你只需要停下脚步让他跑就可以了，这会让你和他之间的空间越来越大。

请容许我问你这个问题：如果你在玩捉人游戏，而你并不想被捉到，那么你会去追那个要捉你的人吗？当然不会！除非你疯了。然而，如果你去追着后卫跑，那么你就是在做这件疯事！他的任务是捉到你，你不要帮他把这个任务变得更简单！老鼠是不会去追猫的，对吗？

如果那名防守球员想要冲向自己的球门线，就让他去吧！跟他说声再见，祝他好运吧。他离你越远，就留给你越充足的空间，这便于你抢点射门。你要做的只是停下脚步，因为稍后你就会发现自己的前方变得开阔了。

给教练的建议

对前锋来说，应掌握的最关键的技能之一就是在传中的时候躲开对方的防守球员，因为禁区内的空间非常宝贵。进攻球员必须意识到，得分与不得分之间往往只是隔着那几厘米的距离。前锋往往只需要向前加速移动一两步就可以引诱防守球员朝着球门冲过去。

77

守门员的球？

当我们打春季友谊赛的时候，对方的一名防守球员就站在自家的禁区前大脚解围，球落在了我们后防线的后面。我们的中后卫朝自家球门的方向去追球，身后还有对方的前锋在疯狂地追逐他。与此同时，我们的守门员也冲出了禁区打算解围。接下来的一幕是这样的——我们的防守球员本来有机会把球踢向边线来解除危险，但是我们的守门员大叫道："守门员的球！"于是后卫的动作就慢下来了。接着，我们的守门员由于动作慢了一步竟然把球直接踢在了对方前锋的身上，球很快地从 30 米外弹进了我们的球门。这种丢球方式让队员们很受打击，因为这完全是由我们自己的失误造成的。

第二天，我和所有的后卫开会讨论并发布了一个新的指令——如果守门员告诉你要你处理球，那当然是由你来处理；如果守门员说由他来处理这个球，那么这个球可能仍然要由你来处理。

作为一名后卫，评判你的表现如何，首先是要看你们队丢球的个数。如果你可以排除危险，那就行动吧。不要担心你们的守门员会因为你没有听从他的意见而沮丧，因为那不重要。如果你知道自己可以控制局面，那你就不要让别人来做主了。如果你能解决这个问题，一定要解决它。客气不是丢球的好理由。

当球传到你们禁区的时候，你可能也会遇到这个难题。你就在球的下方，准备头球解围，而这时守门员喊道："守门员的球！"此时你大约有半秒钟的时间做决定。听着，如果你觉得守门员可以及时到位并能轻易地处理这个球的话，你可以听从他的要求。如果你的脑中还有一丝疑虑，并且你知道自己可以把问题解决好，那么就自己做吧。你们不会因为客气而赢得比赛的。

给教练的建议

球员们往往会把守门员神化，只要守门员发话他们就会遵从。你一定要说服你们的后卫去解决自己可以解决的问题。你不能一边把极好的机会赠送给对手，一边又想着赢球。

78

以 5 米换 50 米

当球队在对方半场丢了球时，有种情况经常发生在球场上没有球的一侧的边锋或边前卫身上。为了便于理解，假设你是一名右边锋，并且你的左边锋刚刚在离对方球门 30 米处丢了球。

当对方开始组织进攻时，你可能会负责盯防对方的左后卫。你的行为会在很大程度上对他产生影响，所以让我告诉你如何让自己不来回地白跑。

当攻防转换的时候，那个左后卫必须要决定他是否要加入进攻，而他的决定在很大程度上会受到你的站位的影响。如果这时你迅速撤退到他和本方球门之间，并在你和他之间留下 5 米左右的缓冲地带，那么他很有可能不会有兴趣越过你去加入进攻。但是如果你没有跑出最开始回撤的那几步，那么他就会认为他有机会冲到你的身后去，他真的会冲的！而一旦他这样做了，你将不得不跟着他一起冲。

每次在外面招募新成员的时候，我都会看到球员犯这种错误。边锋并没有迅速站到一个有利的防守位置上来阻止对手跑去加入进攻，而是慢吞吞地调整，这导致对方的边后卫像被大炮射出去一样冲了过去。于是边锋不得不跑出 50 米去追赶他，而且这 50 米还只是在假设他能在对方边后卫给本方制造威胁前追上他的情况下做出的估计。

记住这一点：以 5 米换 50 米！早点跑出 5 米的距离可以让你少跑 50 米。如果能够提前多做一点工作，那么之后你就不用那么遭罪了。

你必须要知道，如果你不早点占据合适的位置，那么对手就会士气高涨地迅速加入进攻。事实就是这样而且总是这样。但是如果你站在了对方的左后卫和自己的球门之间，并预留给自己一点缓冲距离的话，那名左后卫就不会考虑越过你去参与进攻了，因为他知道他不可能越过你这一关。5 米的距离使你占有先机，这个距离让他很难越过你。你良好的站位打消了他想去参与进攻的念头。

早点这样做，给自己省去追着对手跑 50 米的麻烦。相信我，5 米是绝对可以为你节省 50 米的。

给教练的建议

在我看来，毋庸置疑，你也有犯过因 5 米而跑了 50 米这种错误的队员。你需要说服他们，让他们明白瞬间的攻防角色转换是值得的，这样他的体力可以更好地用在进攻上而不是用于追赶对方的球员。

79

做第一个接到本方解围球的人

亲爱的前锋们：

这真的是你们的职责中重要的一点，不过可能还没有人给你们讲解过。不能理解和执行这个概念的话，不仅会使你们的后卫精疲力尽，还会害了你们的球队。

在任何比赛中，都会出现一段对手在你们球门附近持续发起各式各样进攻的时间。这将是短暂的疯狂，期间会有传中、射门、封堵、偏转等各种各样的进攻，给你们带来各式各样的压力并制造出一片混乱。如果你们的球队幸运的话，你们的一名后卫会有机会大脚解围从而释放压力。而接下来要发生的事情决定着威胁是被消除还是卷土重来，也决定了你作为一名前锋的主要价值。

很多前锋会眼睁睁地看着本方的防守球员拼尽全力去瓦解对方的进攻，他们看着看着就要睡着了。此时，那个神奇的解围球来了，而对方的后卫却冲到了昏昏欲睡的前锋面前，把球又踢了回去，所以，下一轮的进攻开始了。

毫无疑问，经常能第一个接到本队解围球的前锋绝对是无价之宝！那种时刻保持警惕、能预测解围球的落点并第一个抢到解围球将其控制在脚下的能力是减轻球队压力的关键元素。如果你不具备这种能力，那么你需要赶快培养它。

在你们队控球时，球员很容易保持注意力集中，但是当你们的防线被包围时，你一定要记得你接下来要扮演的重要角色是什么，不要让你的注意力分散。你在那里做白日梦对你的球队是不会有任何好处的。当球突然被大脚踢出的时候，你们队需要你得到球并把它控制好。

给教练的建议

在足球运动中，让前锋第一个接到本方解围球是一种最容易被低估、最容易被教练忽视的战术，太多的前锋都不明白他们的这部分职责有多重要。当解围球被踢出来时，这是一个消除对手进攻压力的机会，这真的很重要。在任何比赛中，如果有一支球队很擅长这个策略，而另一支球队在这方面做得很糟糕的话，那么做得糟糕的球队就会输。

80

保存体力

教练们都喜欢极其努力工作的球员！当然了！怎么可能不喜欢呢？希望你也是一名极其出色的、用功的球员，这样你在场上的努力就可以轻松地改变比赛的进程。如果你是一名这样的球员，你的前途会一片光明！

现在，你要记住的是，耐力就像你汽车油箱里的油，而油箱容量有限。如果你开得太快，开的时间又很长，你很快就会把油用完的。在假想出来的完美的足球世界里，你在比赛最后一分钟时的速度可以和比赛开始时的速度一样快，然后当终场哨声响起时，你能量表上的指针恰好指向 0 附近。这是在假想出来的世界里才会出现的情况，而我们不会在那个世界里生存，所以我们必须懂得保存体力。

作为一名受过教育的足球运动员，你需要找机会保存体力。首要的一点就是不要瞎跑。我这样说的意思是什么呢？当球在你前面 20 米处，而且注定会滚出边线的时候，你就不要跟在它的后面冲刺了。当然，如果你能在球出界之前追上或者近乎追上它，那么你就去追吧！但是当追上它已经成为不可能的事情时，你还是保存体力为好。

这个建议同样适用于这种情况：你的队友踢出的球正在滚向对方守门员。你从中场冲刺去追这个球是毫无意义的，守门员会在你到达之前把球捡起来。不要虐待自己，做傻瓜才会干的事。像英雄一样死去是一回事，而像白痴一样死去是另一回事。（如果你们队在比分上落后，你可能就不得不跟着球跑过去，迫使守门员用手把球抱起来，防止守门员拖延时间。这种情况例外。）

当你被替换下场的时候，除非你们比分落后或者有什么其他紧急的战术，否则不要觉得自己有义务像比赛中的奥林匹克运动员那样冲下场，因为这只是在浪费体力，所以，请慢慢地跑下去吧。

罚定位球时你会有机会休息一会儿，但是在这种情况下，特别是在对手罚定位球的时候，请记住，你首先要迅速归位，然后再休息。先站好自己的位置再考虑休息，否则会被对手的快速开球打得措手不及。

足球比赛中你的休息机会不是很多，所以当这些时机出现时，好好利用它们，你需要那一箱油支撑你打完整场比赛。

给教练的建议

如果你的球员中有很多人都在为体力消耗过快而苦恼，你就有了一个幸福的麻烦了。我们都爱我们的球员，所以要让他们多掌握点技巧。

81

你要累死他吗?

你们队的右边锋刚刚全速冲刺了 50 米去参与进攻。然后，因为进攻被瓦解了，他又立刻转身回防，全速向本方球门方向跑了 60 米，并且用滑铲成功地把球铲到了本方球员的脚下。他铲下的球直接滚到你的脚下，然后你看见右路有一个很好的、很诱人的空当，于是你把球传了过去，传到了右边锋前方 20 米的位置，这样他就能跑过去拿球组织下一次进攻了。此时，我的问题是：你是要累死他吗?

当然，他不会真的因为那个传球而被累死。为什么不会呢？因为他不会去追那个球，他甚至连尝试着去追球的想法都没有。为什么会这样呢？因为他已经筋疲力尽了！我是怎么知道的？因为他正站在那里，弓着腰，用手拄在膝盖上来支撑身体。他需要休息！

你必须要有大局观。当队友刚刚完成了一连串的爆发性跑动时，你一定要认识到他可能需要几秒钟来喘口气。在这样的时刻，头脑要清醒，把球传给其他的队友。无论你向右侧的传球有多么漂亮，如果你的队友无法跑过去接球，那么就一点意义都没有。

给教练的建议

　　无论是队内分组对抗练习还是控球训练，无论训练多少次，这种情况还是可能会发生在你的训练当中。当你看到这种情况发生的时候，你要停止训练，然后立刻向所有的球员讲解一遍。这样的事情你肯定不想一个个地向球员们讲解。当一名球员非常努力且表现很突出的时候，你可以奖励他让他休息几秒钟。

82

何时释放能量

你不可以总是按照一个速度踢球，你必须不断地根据周围形势来调整速度。在第 80 章中我们讨论过要节省油箱里的油，现在我们要讨论的是你应该什么时候踩下油门。

让我们先从一个简单的前提说起，即把球抢回来的最佳时机是在你们队丢球后的 5 秒之内。为什么？因为当你们控球的时候，对方球队处于防守的状态，所以他们的球员被压制在一个较小的区域内。在他们抢到球的那一刻，那些球员还处于防守的队形中。我的观点是，你们要在对手组成进攻队形之前迅速进行逼抢。你逼抢得越快，把球快速地抢回来的机率就越大。

现在让我们把这个前提再向前提一步。你们队丢球的位置距离对方的球门越近，对手的阵型就会越密集，他们就需要耗费更多的时间来组织攻击队形。因此，当丢球的时候，你们距离对方的球门越近，你和你的队友就越应该付出更多的努力迅速实施反抢，这是很合理的。

当我们的进攻在对方的禁区内被瓦解的时候，我们通常会犯两个错误。首先，我们会花一秒钟的时间去哀叹我们的不幸，然后才想起要迅速反抢。其次，当我们进行反抢的时候，我们并没有尽最大的努力。这两种行为都是非常严重的错误。

当进攻在对方的禁区内被瓦解时，就到了该消耗一些"燃料"、加足马力释放能量的时候了，因为这时你们拥有绝佳的机会可以马上把球抢回来！

你有没有注意到我并没有说"你"有绝佳的机会？是的，我说的是"你们"有绝佳的机会。然而让人恼火的事情就在这里。很多时候，你的队友并不会尽全力去对对手实施逼抢，除非他感觉他可以跑上去得到球。请听我继续往下说，因为这是一个改变比赛走势的时刻。

在这种情况下，当球转到对方球员的脚下时，他的选择通常是有限的。他持球的时间越长，选择就会越多。随着时间一点点地流逝，他成功的几率就越来越大。对你来说最坏的结果可能就是刚得到球的对方球员送出了一记妙传或者解围球。

当你就地进行逼抢时，你的目的不一定是从他那里把球破坏掉。但是要确保对手和他的队友之间不能进行无障碍对接。你做的逼抢工作不一定会让你得到球，但是可能会帮助你身后的某个队友抢到球。这就是在这种情况下就算你碰不到球，也要加大马力、奋力拼抢的原因。你的目的很简单，只须让对手处在一定的压力下导致他送不出理想的传球即可。是的，直接断球可能是最好的结果，但是如果断不下来，那么你做的工作仍然能够得到一个很有价值的安慰奖——帮助你的球队在对方防守端的深处夺回了控球权。能够在对方的禁区内高效地进行持续逼抢的球队能够创造很多进球机会。

当你发现自己处于上述情况中时，我希望你记住十米法则：如果你和球之间的距离不超过 10 米，那你就加快速度去追这个球！尽全力地去追它！加大马力让你的对手在最大的逼抢压力下去处理球，因为很多时候，他根本没有机会去处理球。当你深入到对方的防守端时，你不用考虑什么防守原则或是队形，你只须疯狂地去追球。这不是你要考虑什么高级策略的时候，你应该像塔斯马尼亚恶魔一样横冲直撞，制造大面积的恐慌。你也许能把球断下来，也许会封堵对方的解围，也许会迫使对手在没有站稳的情况下踢出很难成功的解围球。当你在正确的时机释放能量的时候，各种美好的事情都会发生。

你做这个工作时必须是无私的。我要求你尽全力对对手进行逼抢，即使你知道你不可能把球断下来，但是这可以为你的队友提供更好的抢到球的机会。而且我还要说明一点，我真正要你做的是大约 3 秒钟的全力冲刺。这可能看起来不值得，但是实际上这样做是值得的。请在这一点上相信我，这样做绝对是值得的！

给教练的建议

　　一名球员可以在没有天赋的前提下完成有效的逼抢。这个观点的关键就在于"无私"。要说服你的球员，让他们明白他们做的工作是为了大局，这是让他们对这个观点买账的关键。当球在对方的禁区内时，很明显你的主要目的是进球。当眼前进球的希望破灭时，下一个目标就应该是阻止对手解围或突破防守。你可以通过截断他们向外的传球来创造第二次、第三次……进攻。

83

早点冲刺

让我们继续这个主题：逼抢。先让我来设置一个情景，这次你仍然是前锋。

对方的中后卫从自己的半场中间把球传给了边后卫，于是你跑过去对他进行逼抢，你用自己 85％ 的速度跑过去。边后卫已经停好了球，当他正准备跨步踢球的时候，你突然爆发，全速冲刺试图阻止或破坏那个传球。而就在你到达的时候，球已经离开他的脚传出去了。你的爆发没有任何收获。

你一定要挑选好爆发的时机，并不是任何时候都适合冲刺。你需要理解的是，如果你小跑就能到达那里，那么你冲刺的话就可能赶在他传球之前到达目标位置。

在这种情况下，冲刺的时机不是在对手已经接到球的时候，而是在对手接到球之前！

你会及时赶到并把球抢下来吗？有时会，但不是总能如愿。我是这么认为的，当球到达他脚下的时候，那个边后卫有不同的选择，从最好的选择到次之的选择再到第三位的选择，依此类推。如果你的跑动可以废掉他最好的选择，那你也算有所成就。若废掉了他的头两个选择，那你的成就就更大了。当然，对你来说可能最好的结果是迫使他失误，然后球被你们得到，这就是你需要记住以下事情的原因。

在压力下接球比踢一个已经准备好的球更让人心惊胆战。任何时候都要聪明点，你的目标应该是逼抢对手，让他在压力下接球，并且让他知道他必须做到完美无缺才行。挑战他的技术能力，让他在受限制的情况下去处理球。让他专注于接住飞向他的球而不是考虑把球成功地传到哪里。当一辆货运列车正朝你冲过来时，你是没有心思去想如何控制球的。如果他经受不住挑战，那么你就可以猛扑向他去抢他没有停好的球了。

现在，你可以通过观察找出一些有用的线索来帮助自己，而我将要告诉你一条好线索。接球的难度越大，对手第一次触球时出错的可能性就越大。如果球以极快的速度反弹，那么就极有可能使对手的第一脚触球变得很麻烦。这个道理同样适用于场地崎岖不平的时候，或者是球的运行弧度非常大的时候。一旦你发现对手停球的难度非常大，就要立即转换到高速挡，寻找机会扑向对手。

顺便说一句，如果他的第一次触球不够好，那么不要放过他。这不是该有耐心的时候，而是该释放所有能量去抢球的时候。如果他不能在第一次触球的时候就把球控制好，那么我们不能给他第二次机会。

给教练的建议

这与前面的章节一致。运动员需要辨别何时是好的时机并在时机到来时释放能量，这种有意的赌博能带来巨大的收益。如果对方球员第一次停球没有将球停好，却成功地逃脱了我们的逼抢，那只是因为我们没有把握好上抢的时机，没有什么能比这更让人沮丧的了。

84

他不是一个人在战斗！

上一章我们讨论了对对方控球球员进行逼抢的本方球员所扮演的角色。现在，我们假设你是那名本方球员的队友。

请允许我先从一个运动员的角度来阐述。如果你拼命跑去逼抢对手，最终得到的结果却是对手把球从你身旁传给了他的队友，而他的队友完全没有受到逼抢，那么没有什么会比这件事更让人沮丧了。这很显然是件令人痛苦的事！

还记得我说过你需要无私地去对控球球员进行逼抢吗？当你的队友在你后面站好位置，随时准备利用你通过逼抢制造出的机会，并且不会让你的努力白费的时候，这点就更容易做到了。当你没办法指望队友去做这些，只能自己一个人投入到逼抢当中的时候，结果就不会令人满意。坦白地说，这让人很恼火！

当你看到队友正在努力地逼抢对方控球球员的时候，你需要和他一样去努力地、充分地利用那个他创造出来的不完美的传球。在这种情况下，你要记住的只有一点：一个人上了，其他人都要上！

当你的队友正努力地逼抢时，加入他的行列！加入他，去靠近那个处在下一个接球位置的对方球员。不要让你的对手轻松地把球传出来，不要只是站在那里欣赏你那正努力拼抢的队友！你要预测下一个传球的方向，参与进去！因为哪怕你只晚了一步，对手就有可能摆脱逼抢，而你的队友的所有努力都将付诸东流。那会让他们难过的。

你的队友只能付出有限的精力、在有限的时间里对对手进行逼抢。如果他们无私的付出没有得到回报，那么他们很快就不会那么无私了，而你们的球队就会因此而受到损害。不要只是看着你的队友去拼命逼抢，你也要加入战斗！逼抢是整个团队的事，不是一个人的事。

给教练的建议

　　我最喜欢用来训练高位逼抢的游戏就是十对十的控球训练，从禁区到禁区，使用标准宽度的场地。我们让两个队都使用同一种阵型，例如 4-3-3 或 4-4-2。在对方半场每接到一次队友的一脚出球得一分。这种计分规则不仅能对球员起到强大的激励作用，鼓励他们把球控制在对方的半场，还能迫使队员们在丢球后迅速就地反抢。从对手手里夺球需要每个队员共同努力，而不仅仅是靠那个正在对控球队员进行逼抢的队员。

85

回报你的队友

在你读这个我准备分享的故事之前，我想让你知道，在我的足球生涯中，没有任何人说过我懒惰。在我的人生道路上，每一步都是通过拼搏走出来的。我敢摸着良心说我尽了自己最大的努力！你清楚这一点了吗？很好，现在你可以继续往下读了。

我在大学时有一个队友，他踢球时的表现简直是惊人的。我没有开玩笑，这小子真的很厉害。我真心地喜欢看他踢球，他可以对球做其他人都做不到的事。但问题是他几乎从来不传球。我们过去常常开玩笑说，我们比赛的时候需要有两个球在场上，一个给他，另一个给大家。尽管他很能干，但是作为他的队友有时候我还是感觉很沮丧。

有一场比赛，当时他正在尝试带球前进，并且已经在中场过了两个人了。当他沉浸在这场个人决斗中的时候，我拼命地来回跑动接应他。每次我跑到一个合适的空当向他要球的时候，他都会看我一眼然后决定继续独自表演。我有三次都跑到了非常合适的位置，他只要轻松地把球传过来就可以脱离困境了，可是三次他都决定不传球。三次啊！

当他最后终于把球带丢的时候，我就在他正后方 5 米远的位置。类似的事件在我们之间发生得太多了，那次只是最近的一次而已，我受够了。所以当对手从混战中脱身，径直带球向我冲过来的时候，我像斗牛士回避疯牛一样漠然地躲到一旁，用手指向我方的球门，示意他赶快过去。

一种可怕的、难以置信的表情浮现在我的队友的脸上。他不敢相信我竟然真的给对手让路了。我用我自己的表情告诉他："对不起，但是我做了我该做的。那是你的问题，不是我的。"所以我的队友自己去追那个对手了。

我竭尽全力地去帮他解决他的麻烦，他却选择无视我的付出，所以我想让他知道我对此很不开心。这是一个令人讨厌的举动吗？当然！为什么我会做出这种事来？因为我是个人，而人总会想要他们的努力得到回报。我们那样的冷战真的很滑稽。

当我是一名大一新生的时候，我在中线得球，有位队友和我交叉跑位跑了 40 米来接应我。我无视了他的跑动，把球传给了另一名队友。我的教练告诉我，如果我还希望那位交叉跑位的队友能一直那么努力地配合我，那么我最好把球传给他来回报他。我觉得教练说得很对。

你的队友都是人，他们的行为也有着人类的本性。他们愿意重复能够得到回报的行为，不愿意重复得不到回报的行为，尤其是那些需要他们付出很多的行为。要知道每个人在踢足球时最喜欢的部分是控球，当队友为你辛苦地努力时，请把球传给他向他表明你很感激他的付出。这就是他所需要的、使他能继续为你努力工作的奖励。如果你总是不回报他，他就会停止所有的努力。

给教练的建议

　　当涉及长途奔袭却没有回报的跑位时，边后卫最可能成为那些感觉迟钝的队友的受害者。如果你有一个很喜欢向前冲的边后卫（同时不会忽视自己的本职工作，能够及时跑回来防守），那么你就拥有了一个无价之宝。请确保他的队友能定期地传球给他以回报他辛苦的努力，他想要的只是得球的机会。

86

如何快速带球奔跑

　　情形是这样的——球在你方的防守区域内，你是中锋（尽管本章提到的建议对处于任何位置的球员都适用），并且面对着对方压到中线附近的后卫线，你的右后卫大脚解围，球突然来到了你的脚下，你的第一次触球连停带过，一下子就把对方的中后卫甩在了身后。所以，你的第一次触球应该把球停多远？

　　我真心希望你的教练跟你解释过一个道理：当你跑起来的时候，不带球会比带着球跑得快。这就是尤塞恩·博尔特（Usain Bolt）没有在他打破世界纪录的时候带着球跑的原因。如果他尝试着带球跑 50 米，那么他的速度会慢很多很多。相信我，他带着球跑是不会最先到达终点的。跟上我的思路了吗？无球时你的速度会更快！

　　当你有机会带球奔跑在开阔的场地上时，你应该想着尽可能地跑快些。每次当你不得不调整步伐趟球的时候，你就会慢下来。所以你的目标是尽可能地少触球，并且每次触球时要将球踢得尽可能的远，同时还要保证球在你的控制范围之内。如果可能，每次踢出 10 米远比只踢出 5 米远要好，踢出 15 米远肯定比踢出 10 米远要好。触球次数越少，你就能跑得越快。我说清楚了吗？

　　让我们再回到刚刚描述过的场景里，想象一下你的第一次触球把球停在了 10 米之外，这个距离足够让你跑到防守球员的身后。现在你们在向球门方向赛跑，但是你处于明显的劣势，因为对方的后卫是在全速奔跑。为什么？因为他不需要带球，但是你需要。所以你要如何才能消除他的优势呢？要尽可能地少触球。而且一次触球就将球踢出 20 米远比两次触球每次将球踢出 10 米远要更快更好。

　　招募新球员的时候，我经常看到这种情况。一名进攻球员本来有机会通过一次远距离的停球突破对手的整条后防线的，但是他没有，他每三步触球一次，于是就给了对手恢复队形、抢先跑到他与球门之间对他进行拦截的机会。不要太爱球以至于球距离你 1 米远时你都会害怕。当你前面有空间时，不要害羞。把球开远点，全速攻击前进。把球停得越远越好。

有时候是需要你与球共舞的，而有时候只需你把球踢向前方然后全力向前飞奔就行。如果你在这些时候犯迷糊，那么你就是在浪费时间，更重要的是，你还浪费了机会。

给教练的建议

要让这一建议被理解，你可以让速度最快的队员和速度最慢的队员进行 30 米的赛跑，但是要求跑得快的队员带球跑并且期间至少触球 5 次。在全队面前进行这场比赛，确保那个跑得慢的队员不会输。另外，要确保你的队员知道如何在高速奔跑时用外脚背运球。用外脚背运球最有助于他们在奔跑中运球时保持步伐稳健。用脚内侧快速运球的球员是突破不了任何人的。

87

何时该提前上抢

很多教练告诉他们的球员防守时要有耐心。我教给我的球员要拖住对手，把对手逼到一边，迫使他等待援助。我们提醒自己的球员不要冲动，这是一个很好的忠告，大多数时候都是，但是也有例外。

有时你会一对一防守一个速度极快的对手，而且他懂得如何充分利用速度优势。当你知道你不可能跑赢他的时候，就不要让他把对抗转变为一场赛跑。面对这种速度明显胜过你的对手，你不能让他起跑。如果你和他靠得很近，那么你必须提前上抢，在他找到平衡和弄清方向之前就上抢，不让他有机会起跑。为什么？因为你可能不会再有第二次机会了！如果不能在 10 米内追上他，那么你就应该早点行动。

在足球比赛中，你不应该对周围的情况视而不见。随着比赛的进行，你应该逐渐了解你的对手，找出他的强项和弱点，然后想办法让自己处于有利的位置去赢得你和他之间的战斗。在上述情况中，提前上抢是一个你经过仔细衡量后必须要承担的风险。如果你决定提前上抢，那你一定要全力以赴！

给教练的建议

这是那些你必须在球员遇到状况之前就要求他们掌握的战术之一。在他们要提前上抢时得提醒他们，他们需要快速地解决战斗。如果他们准备冒险，那他们就一定要全力以赴。

88

再致守门员

亲爱的守门员们：

你唯一的任务就是帮助球队赢球。为了做到这一点，你会封堵射门、抢夺传中球并完成其他类似的事情。你首要的、主要的职责是保护你们的球门，永远不要忘记这一点。永远不要主动给对手提供机会去威胁你们的球门！

当然你早就明白这个道理了。那么我为什么还要写这一章呢？

在比赛的时候，如果你想让自己的凌空球踢得更有效果，那么你需要让你支撑身体的那只脚尽可能地保持在禁区线内。因为你和裁判都不可能是完美的，所以极少数情况下，守门员会因为在禁区外踢凌空球而被吹罚犯规。我的问题是：为什么会这样？

守门员控球走出禁区是个不可原谅的错误，所以不要犯这种错。不要给裁判制造机会让他怀疑你越过了那条线，因为裁判也可能会犯错。你必须要问自己："到底怎样做才是最值得的？"

假设你刚好是在禁区线上把球踢出去的。球离开你的脚以后，会到达中线。如果你在禁区线内离禁区线 30 厘米远处把球踢出去的话，那么它将会在距离中线 30 厘米处落下。区别不是很大，对吗？所以为什么要冒那个险呢？为什么要给裁判借口去吹响哨子呢？那多出的 30 厘米难道值得你去冒被罚黄牌的同时看着对手在你方罚球区踢任意球的风险吗？当然不值得了！

换个角度想，假如你碰巧被裁判判罚了禁区外控球，而且有人恰好录了视频。如果视频毫无争议地帮你在教练和队友面前洗脱了罪名，你会感觉好些吗？

在前面的内容里，我提到过在比分领先的时候，守门员控球不要超过 6 秒，这就是为了防止裁判判罚拖延比赛，防止裁判在对己方威胁性非常大的地方判给对方踢任意球的机会。这种情况多久会出现一次呢？几乎从未出现过。但是几乎不等于从来没有。2012 年的夏天，在本书发行几个星期之后，在奥运会的半决赛中美国女足在比分上落后于加拿大队。在距比赛结束还有 10 分钟时，加拿大队以 2∶1 领先，此时加拿大队的守门员就犯了这样的错误并被裁判吹罚了任意球。这个任意球在加拿大的禁区内制造出了一个点球。美国队利用这个点球扳平了比分，并通过加时赛赢得了比赛。全世界都很气愤！至少加拿大是这样的。

这两件事情是同一个道理，守门员禁区外控球几乎从来都不会被吹罚，但并不是从来都没有被罚过。所以为什么要冒险呢？为什么冒险让你的球队陷入那种不利的境地？踢凌空球的时候从禁区线回撤 30 厘米又有什么大不了的呢？

给教练的建议

当加拿大队因守门员控球超过 6 秒而被判罚时，你还记得其他人是怎么说的吗？他们说从来没有看到过守门员会因为这种拖延时间的举动而被判罚。2011 年春天，我们佐治亚大学队和亚特兰大战胜队举行了一场友谊赛。然而，在下半场的后半部分时间里，战胜队的守门员因为犯了同样的错误而被判罚。所以，是的，这种情况的确会发生。更重要的是，那场友谊赛中的三名球员都参加了 2012 年的那场有争议的奥运会比赛，两个美国人，一个加拿大人。我想说的是：有美国人！

89

不可能的传球 2

在前面的内容里，我极力地劝你不要跑到不合适的位置上向队友要球。现在我打算劝你不要尝试着去送出那个不可能成功的传球。

在图 89.1 中，中锋在中场接到了球，并面向着自己的球门，此时对方的一名后卫在他背后紧贴着他。右边锋不仅没有在他的正面方向接应他，反而从他身边飞奔而过，跑到了他的后面，嘴里还拼命喊着要球。此时此刻，这名中锋有三种选择。

1. 自己持球想办法摆脱防守。

2. 把球传给那个在他正面接应的队友（不是那个右边锋）。

3. 试着转身送出一记高难度的传球给右边锋。

如果大多数球员会选择方案一或方案二，那我就没有必要写这一章了。但是，大多数球员都相信自己可以成功地把球传给右边锋，结果是常常把球送给了对方球队。你的教练有没有告诉过你要向自己面对的方向传球？我来告诉你为什么这么做吧。

这样的高难度传球存在两个大问题，而第一个问题很难解决以至于都不用考虑如何去解决第二个问题了。这种传球基本都不会成功的，原因是它太容易被预测到了！对你身后的那名后卫来说，当你面对一个方向但尝试着把球传向相反的方向时，他能很轻易地读懂你的身体语言。那名后卫有着良好的观察视野，他看到了右边锋飞奔而过，知道你想要把球传给他，然后他看到你尝试着转身，那么他就知道接下来会发生什么了。他只需要向侧面跨出一步就可以完全堵住你的传球线路。这时传出的球对后卫来说是世界上最容易阻截的了，所以你最好不要这样传。

第二个问题是你的传球存在盲目性。要朝自己面对的方向传球，因为你可以观察到你面前所有的情况。当你面朝南却尝试着向北传球时，情况就不再是这样了。所以，即使你的传球奇迹般地越过了第一名后卫，往往也会出现第二名后卫来接收你馈赠的礼物，并且在球被拦截之前你完全不知道他竟然在那里。

某个时候你可能像这样传过球，而且成功了，但让我提醒你一条踢足球的原则：侥幸成功不代表正确。这种传球的成功率很低很低，很低很低，几乎为零。如果你那样传球了，而且成功了，那不是因为你很聪明，而是因为你很幸运。

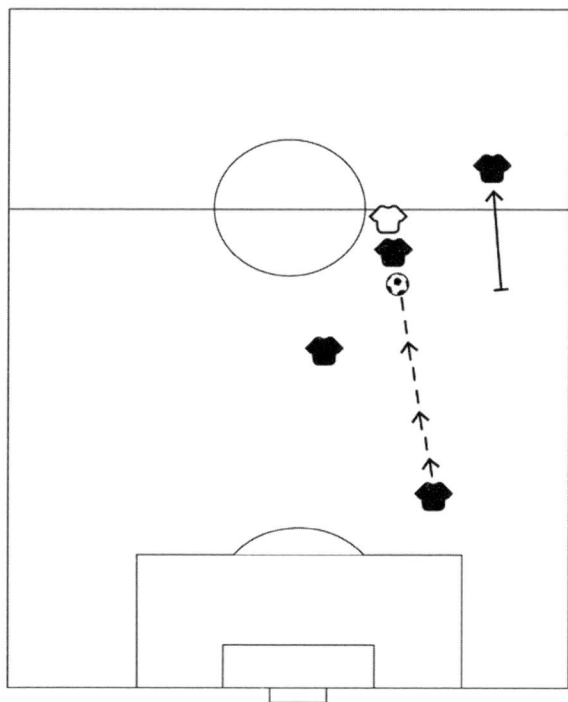

图 89.1　理论上，持球队员可以有三种选择：自己持球摆脱防守、向面向自己的队友传球和转身高难度传球给跑到自己身后的队友。你要向自己面对的方向传球，而不是尝试送出不可能的传球

给教练的建议

　　如果你读过了"优于90°的传球线路"一章，你就会在控球队友的正面跑出一条容易传球的线路。如果这种接应没有出现的话，接球球员则更倾向于尝试这种荒谬的传球。你一定要说服他不要那样做，因为盲目地传球是不会有用的。

90

传中球落点太靠后

这是一种在进攻时会犯的错误，如果你犯了这种错，那么你会追悔莫及，所以请注意了。

当你在边路深处带球时，出现了可以传中的机会，并且在禁区内你有三个理想的传球目标。一个队友跑向了近门柱附近，一个队友在后门柱附近徘徊，还有一个拖后一点的队友正跑向点球点。他们的位置如图90.1中所示。

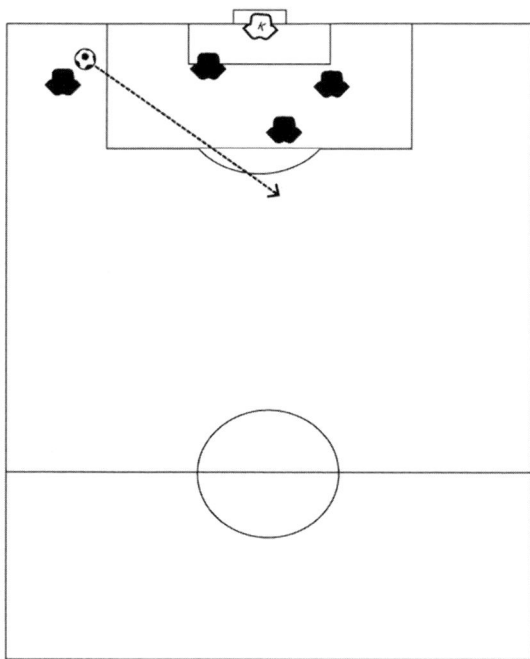

图 90.1　你在边路深处带球并准备传球时，要为自己留出犯错的余地，确保不会送出落点太靠后的传球

很显然，你想把球传给这三人中的一人，因为这会创造出一个绝好的进攻机会。但是，即使你正努力地创造很好的进攻机会，你也必须要全面地考虑到你的传球可能会对全局造成的影响。你看，如果你的球传到了位于近门柱的队友身后，那不会制造出大的惨剧；如果球传到了后门柱附近的队友身后，那也没有什么大不了的；如果你把球传到了拖后的这名队友的身后（图90.1），那么很有可能你的球队就有大麻烦了。

听着，我知道你并不想传出一个很糟糕的球，但是这种情况下你必须要给自己留下犯错的余地，因为你必须要从全局考虑。传中球太靠后会给你的球队带来巨大的灾难。一旦你明白了这个道理，你就会成为一名更聪明的球员。

让我与你分享一个我个人的非官方的论断：任何时候，当有人传出了一个落点太靠后的传中球时，球最终总会被对方拿到。我不知道为什么会这样，但是我看到的这样的情况已经发生得太多了，这足以让我相信这是个不争的事实。这很有可能是一种严厉的惩罚，是足球之神用来惩罚那个送出如此糟糕的传球的人的。不管怎样，我们还是从你把球踢到了那个拖后队友的身后开始说吧。对方球队在球场的中间通道附近得到了球，所以你们的麻烦就来了，而且这只是刚刚开始。

还记得在第55章中我们讨论过数量的重要性吗？现在就涉及数量问题了。当进攻方有大量球员向前进攻的时候，最具危险性的防守反击就成形了。正是因为这个原因，过于靠后的传中球往往会导致对手疯狂的反击。当球传到那名拖后的进攻球员身后时，就相当于立刻在等式中减去了我方的4名进攻队员。你传了这个球就意味着你远远地处在角旗附近，所以你的位置就决定了你无法参与任何防守工作。对另外的三名队员来说，当你把球传到他们的身后时，他们都在朝一个方向跑，所以他们也不会比你好到哪里去。因此你们队立刻就减去了4个人，就只剩下了7名队员去处理当前的情况。而且每当有一名对方的防守球员在你或你的队友回到防守位置之前加入到了反击队伍当中，就相当于对方向等式中他们的那一边增加了一个人。即使对方的那些防守球员中只有一个人能加入进攻，你们也为对手创造了一次在人数上超出你方的反击。

相信我，这种因人数上的差距而产生的影响是巨大的，这会给你们队造成灾难，而这一切都是拜你的一脚传球所赐。真是令人印象深刻。

好的，就到这儿吧，再说下去我就要写一本数学书了[4]，我希望你没有被我绕进去。问题的关键是你必须保证你的传球会传到那个拖后的进攻队员和对方球门之间的某个地方。如果你把球传到了他的身后，那么你们就有大麻烦了。

给教练的建议

我在大学水平的比赛中不常看到这种情况，但我看到的次数已足以让我知道我一点也不喜欢这种传球。传中球太靠后所引发的危险反击是很可怕的，它每一次看起来都像是一场大规模的越狱。传球的人必须把球传到那个拖后的进攻球员的前面，因为如果进攻被瓦解了，那名球员还会有转攻为守的机会。

---

4. 美国人的数学能力普遍很差，所以他们一般避免谈论数学问题。——译者注

91

铲球时要果断

想要自己从一大堆的女子足球运动员中脱颖而出吗？想要自己与众不同吗？想要大学教练在他们的梦中都能看到你的身影吗？很简单，只要你在铲球时做到果断坚决就可以了。

有很多技术上有天赋的女球员，她们运球出色，射门有力并且传球精准。作为一个大学球队的教练，我花了大量的时间去招募新球员。我发现她们之中 99% 的人都太"软"了。她们在铲球时缺乏勇气和信念，就算她们铲球了，那也是因为别无选择。她们让我想起了一个人，他因为要献 450 毫升的血而不得不忍受针扎的痛苦，因为没有别的办法，他只能咬紧牙关盼望着早点结束。你们大多数人在铲球时也是这种心态，你们只想让这个过程赶快结束，那样的铲球就是我们所说的"半铲球"。当你那样铲球的时候，你会遇到两个问题：第一，你极有可能铲不到球；第二，你在自找受伤的麻烦。当你摆腿踢向球的时候，对手也在全力以赴，因此很有可能你的膝关节处的三条韧带会发出爆裂声。你把整个身体送出、用全身的重量去铲球，你将会安全得多。我看到过太多因为半铲球而严重受伤的情况。

铲球和运球、传球、射门、头球一样，都是足球比赛的一部分，你不能忽略它。既然你必须要在某个地方铲球，那就把动作做到位。当需要铲球的时候，你要把恐惧放到一边，全身心地投入到铲球中。不要只是为了得到球而铲球，铲球就是要狠狠地踢球。

你要帮自己一个忙，不要把铲球仅仅看作是从对手那里抢回球权的一种方式，而要从它的作用上来考虑：它能够改变比赛的整体气势。一个气势如虹的铲球可以改写一场比赛。它能为你的队伍注入活力，它能使你如虎添翼，它能激励你的队友并且点燃观众的激情。如果这些理由还不足够使你想去铲球的话，那么试试这个理由——教练喜欢！

我们都喜欢那些在铲球时无所畏惧的球员。不仅仅因为那一瞬间他们把球抢了过来，还因为这证明了他是哪种类型的球员。选择勇敢的球员往往都是赢家。他们是我们希望在比赛场上看到的人，因为他们为了赢得比赛不惜用自己的身体去冒险。

如果你想使自己不同于其他想要得到大学奖学金的女孩，那么请相信我，努力成为一名勇于铲球的女球员吧，因为她们既宝贵又稀缺。

果决而有力的铲球将会使你与众不同。它将把你与众多柔弱的技术型球员区分开来，她们总是试图找借口躲避两队狭路相逢之时的针锋相对。不是社会上的每一个人都能成为艺术家，挖沟的工作也同样重要。想成名吗？那就成为一名斗士吧，你将因此很快成为一个炙手可热的、有价值的"商品"。

给教练的建议

如果你有一名球员能够在每一次机会五五开的拼抢中奋勇铲球，那么请不要阻止他这么做。

92

中场的任意球

关于在中场的任意球，你需要和你的教练讨论，这里我只给出我的见解。

通常情况下，当一方球队在刚过半场处获得了任意球时，会有一群球员扎堆混杂在禁区周围，然后某个球员向混乱的人群中踢起一个又高又飘的球。这种传球能创造出进球机会吗？是的，有时候能。我自己的球队也被进过这样的球。但是我讨厌这种方式，我来告诉你为什么。

在我的足球生涯中，从没有哪个教练说过："既然你已经完全掌控了球权，那么我想要你把球踢得远远的，看看会发生什么。"我们队一直都是控球型的打法，我们没有理由要求我们的队员不时地把球踢到空中进而送到对方的守门员手上。我的观点是，把本来 100% 属于我们的球踢出去，让队员们去抢那 50% 的得球机会是不合逻辑的。

有例外吗？当然了。如果你们队中有几个头球非常出众的球员，那么可能你会吊高球然后看他们能做些什么。你可以制造出头球摆渡和抢第二落点的机会。一些球队特别喜欢这种开球方式，我绝不会劝他们什么。实际上，这样的球队寥寥可数。如果比赛时间已经不多了，而你又急切地想要破门得分，那么这个时候你当然就可以尝试一下这种不顾一切的传球并祈祷好运了。

在我看来，当裁判吹罚了那个在中场附近的任意球时，你把球放在地上然后迅速开球传给队友是最好的选择，就像平常你在那个区域完全掌握球权时所做的那样。如果对方很快地组织起了防守，让你没有选择，那么你就踢出那种五五开的机会球到禁区吧。

给教练的建议

　　我已经做好准备来面对你们对这一章的质疑了。仁者见仁，智者见智嘛。

93

临近终场时的开球

你们在比赛快结束时仍落后一球，但在最后 30 秒你们拼得了一个角球。你迅速夺过球并把它放在角球区内。在恐慌中，你尽可能快地踢出了角球，因为只剩下 25 秒了。你做得很好，是吗？

嗯，不是的。

让我们来找找原因。

在这种情况下，往往是控球的球员深感时间的压力，想把球尽快地送到球门前，所以他在只有三四名队友落位的情况下就把球开出了。因此在球的落点附近他的球队在人数上处于极大的劣势，对手从而很轻松地把球解围了。

当在临近终场时，特别是在你们落后的时候，你们得到了一个发球的机会，比如说角球或者任意球，你想通过它来改变比分。这可能是能使你们把球踢到对方球门前的最后一次机会了，所以你一定要为自己的球队创造最好的机会。为了做到这一点，你需要你的队友跑到对方的球门前。为了到达对方的禁区，他们需要时间。这个时间不用太长，但是可能需要额外的 10 秒钟使球员到达对方的禁区并组织好进攻队形。在一些球队中，最主要的头球球员是后卫，所以你一定要在发球之前确保你们最好的头球球员站在了对方的球门前。

听我说，一旦球就位，30 秒的时间对开出角球或任意球来说绰绰有余，足够让你的队友们全部进入禁区，此外还能剩余 15~20 秒的时间。所以不必惊慌，不要浪费你们最后一次进球的机会。保持冷静，深呼吸，确保你所等的队友就位了再发球。

这样做的目的是用足够的时间确保本方球员就位，绝不能多浪费一秒钟。希望你们队能直接得分，如果不能直接得分，也希望球能落到这个区域或者反弹回来，因为这样队友们还有足够的时间制造第二次进攻的机会。

你们会进球吗？可能会，也可能不会。但是你一定要给你的队友创造最好的机会。不要因为在慌乱中匆忙出脚而浪费了这次机会。

给教练的建议

几年前本章中所阐述的剧情在我们身上上演过。落后一球，时间还剩下 30 秒，我们却匆忙开出了角球，球直接出界了。当我们回放这个视频的时候，我让球员们仔细回顾了最后的 25 秒，发现时间白白地在滴答声中溜走了。这让他们了解到我们实际需要多少时间来组织这次进攻，这样球员们就可以很好地理解这一点了。

94

谁去排人墙？

如果对方获得了一个任意球，本方需要排人墙，那么一定要确保选择了合适的球员去排人墙。考虑到本章要提到的内容，我们假设所有任意球的罚球点都在底线前 25 米的区域。

首先，你需要判断对方球员会直接射门还是会传球。我不可能帮你解决所有可能出现的情况。当涉及人墙的时候，有多少常规就有多少例外，所以让我们先来关注一些普遍现象吧。通常罚球点越靠近中间，对方球员直接射门的可能性就越大；罚球点越偏向两侧，罚球球员传球的可能性就越大。你跟上我的思路了吗？

顺便说一句，你同样也需要关注裁判判罚的是直接任意球还是间接任意球。间接任意球更有可能会变成传球。

如果你认为对方会直接射门，那么就让队中最高的球员出现在人墙中；如果你认为传球的可能性更大，那么就要确保你们头球最好的球员不在人墙中。

通常最高的球员也是头球最好的球员，而这一点让这件事变得棘手了。对手不会宣布他们的意图，所以你一定要尽可能快地做出最贴近实际的推测，这样你就可以开始组织人墙了。

顺便提一句，如果对手在球前面加了两个人或加了更多的人，那么就安排一名球员专门去盯防那个将球轻轻推给同伴做球射门的人，这可是个好主意。

给教练的建议

　　我个人的观点是，把最好的头球球员安排在人墙外比把最高的球员安排在人墙中更为重要。我可以用一只手数清我看到的对方直接射门的球打到我的某个球员头上的次数，可见这种情况发生的概率非常小。如果射门或者传球的概率相等，那么我希望头球最好的球员不要加入到人墙中，而是站到球门前。任意球直接射门得分是极其困难的，尤其是在罚球点没有位于中间位置的时候。我宁愿放任主罚的球员踢出一个精彩的任意球，也要把头球最好的球员安排在他们最能发挥作用的地方。

95

布置人墙

很多教练都更喜欢由守门员来布置人墙，但我不是他们中的一个。万一你的教练和我一样，你就得知道怎样布置人墙了。

让我先说说为什么我不支持由守门员来指挥布置人墙。首先，我曾见到过 6 次因为门将在任意球踢出时还靠在门柱上指挥本队排人墙而导致的进球。对，我知道守门员应该在布置人墙前首先确定一件事，那就是裁判已经告诉了进攻方要等待第二次哨音响起时才能开始罚球，但是应该发生的事和实际发生的事完全是两回事。

我不喜欢门将布置人墙的另一个原因，这也是你唯一需要知道的原因，是他们经常会出错。我见过数不胜数的守门员布置的人墙，要么是在近门柱处留下了空当，要么是布置得太靠边以至于三名球员都站在近门柱的外面。不管是哪种情况，布置得都不好。我宁愿让我的门将只专注于他阻挡对方进球的工作。所以这一章，你需要按我的方法来做，由你来指挥布置人墙。

场上球员把布置人墙的任务搞砸的原因有两种：不知道在哪儿布置人墙；虽然知道在哪儿布置但是表达不清，沟通不到位。我们现在就来解决这两个问题。这里有个布置人墙的秘诀，分为六个步骤。

第一步——确定谁是最靠近近门柱的人。那个人才是唯一一个需要你布置位置的人。其他人都会以他为基准与他挤成一排。

第二步——站在球后方大约六七码的地方，即远离本队球门的那一侧，这样你就可以同时看见球和球门了。严格说来，你应该与球在任何方向上都保持 10 米以上的距离，但是大多数裁判都会放宽几米，只要你不会妨碍罚球就行。

第三步——开始布置距离球门柱最近的球员的位置。你现在不需要布置得很完美。因为一旦裁判定下了人墙的位置，你还需要做些调整。现在你只须尽量让那个近门柱的队员靠近他最终的位置即可。

第四步——你想创造一条想象中的直线，这条线从你的脚下开始，穿过球心，然后到达近门柱。请注意，因为这是重点，你需要想象这条线穿过你那位靠近近门柱的球员的内侧肩膀（图95.1）。你的任务是控制这名位于近门柱球员的位置，直至他的内侧肩膀处在那条直线上。这会让他身体的一部分处在门柱的外侧，从而防止弧线球从近门柱飞进网窝。

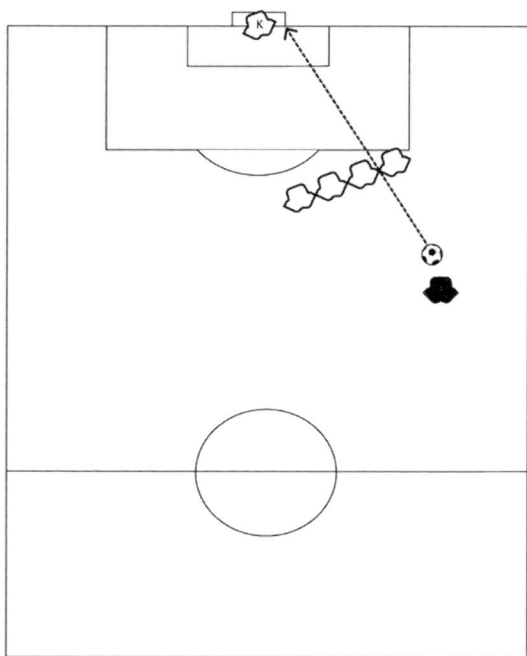

图95.1 布置人墙时，你要站在球的后面，想象出一条从你的脚下开始，穿过球心，然后到达近门柱的直线，然后把靠近近门柱的球员布置在这条直线上，让这条直线恰好能穿过他的内侧肩膀

第五步——简洁明了地沟通。你不要像警察在高峰期指挥交通那样将手在胸前挥来挥去，那会让人一头雾水。手臂向一侧伸直，指向你希望那名位于近门柱的球员移动的方向。和他说话时，用你最威严的声音。

你只需要用两个字，"走"和"停"。所以如果你想要位于近门柱的那名球员向你的右侧移动，你就指向你的右边说："走！走！走！停！"如果他走过了目标位置，就指着反方向说："走！"直到他找准了位置。一旦他就位了，你要向他竖起大拇指，然后其他人就可以从他旁边紧紧地一字排开。

第六步——等待！直到裁判对人墙与球之间的距离感到满意时，你才能放下自己布置人墙的责任。如果裁判把你们的人墙往后推了一步，你近门柱旁的队友位置就不对了，人墙也会随之失效。另外，在罚球的位置定下后，狡猾的攻击手可能会把球捡起来"检查一下球的气足不足"，然后再把球重新放到一个不同的位置上，此时你的人墙同样会失效。你要等待，直到一切尘埃落定后再离开你的位置，然后再去找个对方球员并对他进行盯防。

记住，这条假想的线应该从你的脚下开始，穿过球中心，穿过站在球门柱旁的球员的肩膀内侧然后到达近门柱。如果你做得正确，那么你就布置好了一个有用的人墙。

给教练的建议

　　我把布置人墙的方法看作是每名球员都应掌握的基本技巧——就像更换轮胎的能力一样——以备不时之需。即使你更喜欢让你的守门员来布置人墙，但球员的下一任教练也许不会这样做，所以把这看成一种为球员的足球未来做准备的方式吧。缺乏迅速布置出一个合适的人墙的能力会让你输掉比赛。这件事情值得花 5 分钟时间，让每个人轮流学习如何去做好。

96

把握好回撤接球的时机

　　本章我们将讨论一种情况，即边后卫在控球，你作为一名前锋，会回撤接应他的下一次传球。这里要讲的是一个基本的技能，但包括前锋在内的很多球员都对如何掌握这项技能感到头疼，所以让我们来把它弄清楚。

　　作为前锋，你需要在后方有逼抢压力的时候做到准确无误地接球。当球到达你脚下时，对手会在你背后推搡你，这时想把球控制好则需要非常高超的技术，你需要掌握这项技术。但是我要说的是有关球到达你脚下之前会发生的事。我要说的是请把握好回撤接球的时机。

　　让我们从一个简单的前提开始，即在距离对方球门 30 米处得球比在距离对方球门 40 米处得球要好，而在距离对方球门 40 米处得球比在距离对方球门 50 米处得球要好。你得到球的位置离对方球门越近，你们队进球得分的概率越大。很有道理，对吧？

　　现在你们的中后卫横传球给你们的右后卫，而你希望下一次传球是给你的，所以你要向右后卫方向回撤准备接球。从你开始回撤的那一瞬间起，你朝球每走一步就意味着你距离要进攻的球门远了一步。窍门是你要快速地回撤接球但不要牺牲太多你与队友之间的距离。如果他可以成功地送出一记 30 米远的传中球，那么你就不要想着让他隔着 20 米的距离传球给你。你们跟上我的思路了吗？

　　所以，在你回跑接球之前，你需要问自己的问题是：他准备好传球给我了吗？换句话说，他控制好球了吗？他准备好了吗？他控制好平衡了吗？他看见我了吗？如果答案是否定的，那你就要与他保持距离，离他远一点。因为在他准备好把球传你之前你回撤接球是没有意义的，因为你朝球跑出的每一步都意味着你距离要进攻的球门远了一步。而技巧就是你的回撤要坚决果断，朝自家球门方向回撤的距离越短越好。

太多的前锋都回撤得太早，牺牲了太多的距离，他们跑着跑着才发现再有半秒钟就跑到队友的面前了。然后，为了努力纠正错误，保留一点空间，在球传递的过程中他们便放慢了速度或者干脆停下来。因为他们慢下来了，所以紧跟在他们身后的对方球员就能很容易地跑到他们前面把球截下来了。为了阻止对方的防守球员跑到你的前面，你需要把握好时机。

一条很好的经验法则：晚些起跑，快速到达。

等你的队友准备好了再回撤接球。你要做的是耐心等待，在高位占好位置，给他时间控制好球并且站稳，这应该只会用掉大约一秒半的时间。当他要传球的时候，向远离他的方向多走几步，边走边与他确认距离。适当增加你和队友及球之间的距离，这样的话，当你突然快速回撤接球时，你就能在离对方球门更近的位置接到球了。

一旦你的队友准备好了，你就要快速果断地回撤接球。

总结一下：保持耐心，保住你的位置，先往高位方向跑，然后当你的队友准备好传球的时候，你要快速回撤接球。

在上面的例子中，我们讨论的场景是这样的，即传球者至少要触球两次再传球。然而，如果情况迫使传球者必须一脚出球，那么请你务必早点回撤接球来缩短传球的距离。不管怎样，你仍然需要全速跑到位。

图 96.1 中这个大格子代表 30 米 × 10 米的场地，其中一端还包含一个 10 米 × 10 米的小场地。在球传向目标球员之前，防守球员必须待在目标球员靠近球门的那一侧。两名进攻球员以一脚出球的方式相互传几脚球（包括横传球），直到他们中的一个人决定停球准备传球，然后将球传给目标球员。目标球员的任务是保持他在场中的高位位置，然后把握好时机回撤接球。回撤接球的时候他不能离开小场地，所以他必须要强壮而且能够压制对手。当球传向目标球员的时候，第二名进攻球员直插上去接应进攻。一旦第二名进攻球员到达了小场地内，这两名进攻球员就制造出了二对一的局面，并且可以尝试带球向着底线突破。如果防守队员抢到了球或者球离开了小场地，那么比赛就结束了。为了增加

目标球员的挑战难度，可以在扩大大场地范围的同时缩小小场地的范围，或者让前插接应的球员在起跑前做个仰卧起坐。

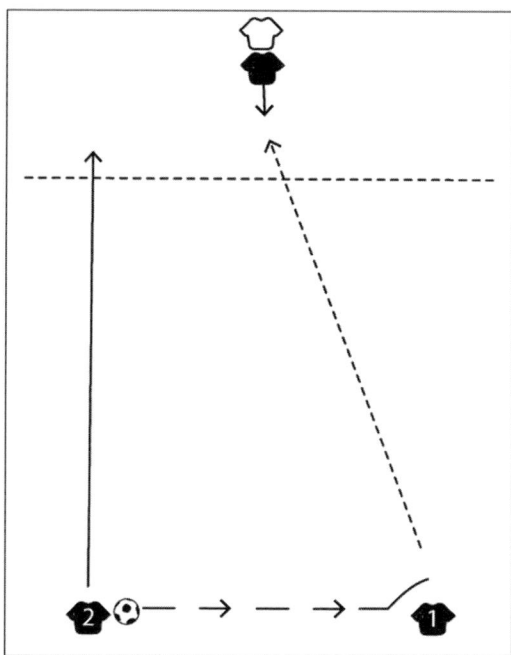

图 96.1　练习在合适的时机回撤、在对方逼抢下控球

给教练的建议

　　这个问题在任何水平的足球运动中都存在。在很大程度上，能否把握回撤接球的时机决定了传球能否成功。大多数球员都回撤得太早了。图 96.1 展示了一个简单的训练，可以让你的球员练习在合适的时机回撤、在逼抢下控球。这是一个很容易上手的练习，你可以把它融合进射门、传中以及综合训练中。

97

从越位位置启动和"隐身"

上一章我们讨论了要把握好回撤接球的时机。现在我们要讨论的是你在回撤接球之前如何选择回撤时的启动位置。

同样，假设你是一名前锋，并且正在中线附近徘徊，这时你的队友在控球并向前推进。最终他们将要找到一个空当把球传给你，你也会回撤接球。

正如我们已经讲过的，你接球时的位置越靠近对方球门，你接下来发动进攻的效果就会越好。你回撤时的位置离球门越近，你接到球时所在的位置就会离球门越近。你接到球的位置离球门越近，你的进攻就越有效果。如果你们在自家球门前 35 码的地方控球，那么你从对方禁区的某个位置开始起跑难道不是很有意义的事吗？这当然是有意义的，因为你可以冲散对手的阵型，然后为你的队友提供更多的时间和更大空间去发挥。但是有一个非常大的问题——那个讨厌的越位规则。最终对方的后卫不会再跟着你向着自家球门的方向退缩了，于是你就站在了越位的位置上。所以，在那个特殊的情况下，我们不能从对方的禁区内开始起跑，但是一定有一些转机是我们可以利用的。

从没有越位的位置起跑存在的问题就是对方后卫总是可以同时看到你和球。那使得一切对他们来说都是可预见的。而"可预见的"的另一个意思就是"简单的"。

请理解这一点——后卫最讨厌的就是不能同时看到你和球。这个简单的道理就是本章内容存在的依据。当他们看不到你的时候，他们就不得不去找你，那就意味着他们不得不把目光从球上移开，而他们最讨厌做的就是这个！如果你没有一直做令他们讨厌的事，那就说明你的工作做得不太好。

当你是一名前锋的时候，依照规则你是可以从越位的位置起跑的。你只要在队友把球传给你之前跑回非越位的位置就好了。所以，不要在对手防线前面游荡，而要在对手身后一码或两码处悄无声息地游走。你要不时地从一边移动到另一边，就好像你在玩"躲猫猫"一样，你要能够从防守球员预想不到的地点突然冒出来。这样，当需要回撤接球的时候，那些防守球员绝不会知道你是如何出现的。等到你重新出现在对方防守球员的视野中时，你已经在全速回撤接球了，而他还愣在那里呢。这意味着你很有可能在毫无压力的状况下完成第一次触球，这是一件非常好的事。

给教练的建议

几乎没有人如我在本章中建议的这样做，但是想一想，你就会发现这其实是一个非常简单的技巧。你只需要有这样一个前锋：他很会解读比赛，知道何时那个球会传给他，并且会抓住正确的时机回撤接球。如果你偶然发现一名前锋正打算这样做，那么用不了多久他就会接受这个建议的，因为当他学会躲在对方防守球员的身后时，各种各样的机会就会向他走来。

98

勇立潮头

如果你踢足球的时间够长，那么你感知情势变化的能力也会随之提高。让我来为你设计一个适合本章的剧情吧。

你们快要被对手打败了。比赛还剩下 10 分钟。长话短说，对方的实力更强，但是他们今天在门前并没有发挥出最好的水平。跟场上的走势相反的是，你们队突然得了一分取得领先。你和进球功臣一起庆祝然后就回到自己的半场站好位，等待重新开球。但是当你从进球的狂喜中冷静下来时，你有如被当头棒喝，你意识到可能刚刚唤醒了沉睡的巨人。你可以感受到对手开始变得紧张，你知道他们会想尽一切办法来对付你们。所以你们队一定要在接下来的几分钟内经受住考验。

你以前比赛时有遇到过这种情况吗？有可能，在某种程度上，进球也具有两面性，所以你知道我在说什么了吧。让我来给你提些建议吧。一旦获得机会，你要把球向尽可能远的地方踢，最好是踢到禁区外让球远离门将。当对手正在拼命加速的时候，你要表明自己的立场。你最不想让球到达的位置就是你们的防守端，所以你一定要通过逼迫他们后退的方式来打击他们的激情。因为他们强烈的能量释放不可能一直持续下去。因此你要迫使他们退回到他们自己的防守端去接球，从而消耗他们的能量。

很多进球都是在上一次进球后的那 5 分钟内打进的。当对手即将在气势上胜过你们的时候，你的第一目标应该是熬过那 5 分钟的窗口期。不要去做迎合他们狂热情绪的事情，要想办法把他们的气势泄掉。记住，比赛开始的时候他们的实力比你们强，现在他们很愤怒并且受到了激励，他们现在的锋芒是你们难以匹敌的。所以你们要把他们的进攻——破坏掉，让他们沮丧吧，逐步削弱他们的士气。要不了多久，他们高涨的情绪就会冷却下来，而你们就可以在双方水平稍显均衡的条件下继续比赛了。此外，很有可能你的某些队友在你们取得领先的 5 秒钟后便被对方的进攻吓坏了，这同样为他们提供了一个冷静下来并重获信心的机会。

给教练的建议

　　我完全可以预见，你看完这章后会强烈反对我的观点，大概是因为这听起来像是我在建议你放弃以往的踢球方式，而且从逻辑上说，你不需要这样做。是的，是这样的。我真心地同意从逻辑上说你不应该以这种方式进行比赛的观点。可我也知道，当涉及足球的时候，我不会把我所有的鸡蛋都放到逻辑的篮子里。当受到人为因素的影响时，逻辑是靠不住的。我承认在这一点上我没有科学依据，但是我见过很多在相同情况下出现两种不同结局的事例。经验教给我的是，如果你没有在第一次可能使你成功的机会中把球踢出你们的防守端，那么很有可能此后不久你们就得从自家球门里往外捡球了。如果你认为这一章是一派胡言，那就不要自寻烦恼。我们可以求同存异，把这一页翻过去，直接看下一章吧。

99

不可原谅的越位

边路球员们，这一章是专门为你们写的，所以如果你们想把你们的教练气疯，就忽略我的建议吧。

当你站得离对方的整条后卫线较远的时候，请使自己处于没有越位的位置。当你的视野里同时出现球和对方所有的后卫时（图99.1所示），你绝对没有理由越位，绝对！你要做的只是与最后面的那名后卫看齐，或者站在他的前面，直到传出的球被你接到，就这些。

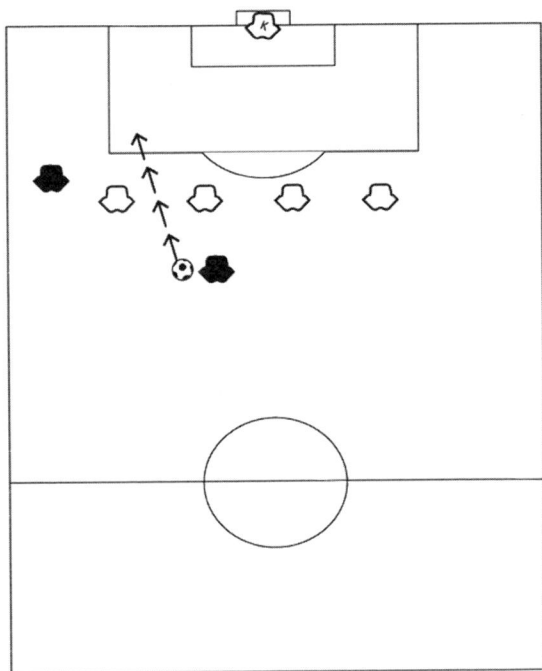

图99.1 作为一名处在高位的边路球员，当你同时看到了球和对方所有的后卫时，你要看一下整条后卫线，确保自己没有处在越位的位置

只有很多环节都顺利进行了才能发起一次成功的进攻，然而这之中的很多环节并没有完全在你的控制之下。但是你可以控制自己不越位，不要由于粗心而自毁长城。记住要看一看整条后卫线，这也是你任务中的一部分。

当你因为粗心而毁了你们队的进攻时，你的教练会抓住这个机会让你明白该如何做的。

给教练的建议

你难道不讨厌球员做出越位这样的事吗？希望我可以在这一点上为你提供一些建议，但是如果球员了解越位的规则却仍然犯错的话，那他就是不负责任了。

100
后退中的后卫

在你的足球生涯中，你经常会听到教练要你找出"视觉提示"。视觉提示是一些短暂的瞬间，它们预示了即将要发生的事情。它们是"如果……就……"这样的瞬间，会为你提供要去做这件或那件事的信号。例如，如果对方的中场球员在传球前把球停得距离身体比较远，并且看着球场的远处，那么他很有可能会送出一记长传。这个视觉提示将会传递给对方的防守球员后撤的信号。请继续听我往下说，因为我会教给你如何解读足球运动中对你最有利的视觉提示之一，而且我猜从来没有人跟你提过这点。这是一条近似于足球"秘诀"的经验。

前锋们，你们尤其应该关注这一章。

我们会继续接着上一段的例子讲，假设你就是那个中场球员所在球队的中锋。你的中场球员传出了一记过顶长传球，对方中后卫已经就位准备头球抢点。你要做什么呢？

如果对方的后卫已经很舒服地站好了位置，那么你可能会想刹车停在他的低位处争抢第二点。但是，这是很重要的一点，如果你注意到那个后卫开始后退，而且后退的时候身体后仰，那么极有可能他会冒顶，或者会忙中出错地把球顶向自家球门。无论哪一种，后退、后仰的后卫就是给你的视觉提示，提示你去行动并且快点跑到他的身后，因为很有可能那就是球将要落下的地方。

据我长期的观察，如果后卫不得不后退超过四步的话，那么球最终肯定会落在他的身后。作为一名机智的、伺机而动的前锋，你需要明白，这是一个很好的、值得赌一把的机会，你要赶快冲向他的身后。如果你这样做了，那么不仅会制造很多进球得分的机会，还会使你看上去很专业。

这些时刻的出现都非常有规律，但是它们几乎从未被充分地利用过，因为进攻球员只是想当然地认为后卫会把球顶回来，所以他们选择站在后卫的低位准备抢第二点，通常情况下都会这样。但是，如果你抓住了那个后卫开始后退的瞬间，并敏锐地察觉到了那暴露秘密的后仰，那么相信我，他的麻烦来了，而你应该跑起来了。

想要一些额外的经验吗？好的，这也是据我长期观察得出的，即误判了一次头球落点的后卫，很有可能会再次误判。如果你错过了第一次机会，不要放弃希望。你要密切留意那个后卫，因为他在后面的比赛中还会出现同样的问题。而当你看到他后撤时，就冲过去吧，让他付出代价！

给教练的建议

当守门员接高球时，尤其是在人群中接高球时，这个理论也特别适用。当对方的守门员开始后退时，派一名本方前锋站在他的身后，然后就等着球从守门员的手中滑落吧。

101

生存到下一场比赛

可能你经历过这样的比赛。你们队已领先两球，比赛还剩下10分钟，而对方球员对比赛感到特别沮丧，他们对裁判恼怒不已，他们的脾气快要爆发了。这时你们又进了一球，于是对方知道他们不可能赢得比赛了，所以对方球员开始把注意力转向把你们"劈成两半"。

裁判可以在一定程度上保护球员，但是有时他也会心有余而力不足。不管怎样，当对方不再关心比赛结果而开始对伤害你们感兴趣时，你一定要反应过来。作为一名球员，你表现得越出色，就越有可能成为他们的目标。当比赛转为踢人盛宴时，你一定要洞察到这种变化，并且及时地做出调整。这个时候你要切换到生存模式。

我看到过很多严重的受伤都发生在比赛快要结束的时候。一名球员已经失去了理智并且很懊恼，他对裁判感到愤怒，对那些折磨他的球迷感到愤怒，所以他完全变得神经质了，气势汹汹地想要把某个人的腿弄折。比起大多数其他的运动，在足球运动中，如果你的目标是伤害某个人，那这个目标是特别容易达到的。

你应该能够意识到那个对手快要抓狂的时刻。而当这样的时刻来临的时候，最最重要的就是保护你自己！

但是你要如何做呢？

我很高兴你这样问。

首要的一点，不要控球。当把球停在你的脚下时，你就是在自招灾难，而这根本不值得。尽可能地一脚出球，不要让对手有机会在靠近你时铲你，尽快地让球远离你。如果你是一个喜欢盘带的人，那么这是一个绝佳的机会，可以让你展现你作为传球者的无私。这场比赛的胜利已经是你们的了，不要再想着进球了，不要去想如何继续踢出漂亮的球了，想一下如何保护好自己的双腿吧！如果有机会，就把球踢到对方的半场，让他们在追球的过程中平息一下心中的怒火吧。

同样，这也不是去羞辱对方的时候。不要穿裆过人，也不要玩用身体护球的把戏。只需把球用力踢到对方的半场，然后等待比赛结束的哨声响起。是的，这是一种很令人讨厌的结束比赛的方式，但是至少你可以完好无损地回家。

给教练的建议

我们都经历过这样的比赛，而且我们都为此抓狂过，因为我们认为裁判没有把工作做得足够好，没有保护好我们的球员。面对这种情况，你与其生气抗议，还不如把时间用在为应对这种情况所做的准备上。不要让你的球员吃了苦头才学到这一课。

102

干爽的球鞋，快乐的脚

没有什么会比穿着一双湿球鞋更让人不愉快了。除了让人不舒服之外，湿球鞋会变得很重，从而影响球员的速度，使球员的脚磨出水泡，湿球鞋的气味还很难闻。这里有一个可以快速把湿鞋子变干爽的方法。

取一些报纸，把报纸一张张地揉成球状，然后把这些纸团塞进你的鞋子，就是这么简单。报纸会吸收水分，到了第二天，你的鞋子里面就会是干的了。只需确保你用的是普通的报纸，而不是光滑的那种就可以了，还有，你需要把报纸紧紧地塞进鞋子中。

请记住，干爽的球鞋意味着快乐的脚。

给教练的建议

如果你把这个小窍门传给家长，也许能很容易地得到他们的加分。

结语一

　　这可能是最为浓缩的一本足球书，所以我真的希望你能够觉得物有所值，也希望你们能在这本书里找到能够使自己成为更优秀的球员或者教练的内容。足球场上充满了很多需要你做出决策的时刻，你的头脑和你的脚一样重要。你应该努力地、最大限度地提高自己作为一个有思想的足球运动员的能力。

　　对教练们说的话——我深知一些概念（还有一些语法和标点错误）被忽视了，如果你想成为一名优秀教练的话，那么请不吝赐教，把这些被忽视的内容指出来。我也知道你们中很多人对我书中的有些观点并不认同。这太好了！我邀请你们登陆网址 www.soccerpoet.com 去表达自己的观点。如果你想以折扣价为你的队员团购本书 25 本以上，给我发邮件就可以，邮箱地址为 info@soccerpoet.com。

　　特别感谢史蒂夫·霍尔曼（Steve Holeman）、史蒂夫·纽金特（Steve Nugent）和罗宾·康弗（Robin Confer），他们在我确定这本书的主题时提供了帮助。为了确定这本书的内容，我们观看了几十场比赛和训练课。"这应该成为书中的一章是我们找到灵感时的口头禅。布伦达·格尔（Brenda Gurr）一直是一个值得珍惜的朋友和助手，她同时也是我几乎所有文字作品（包括本书在内）的编辑，我对她永远心存感激。特别感谢亚伦·尤西斯金（Aaron Usiskin），一个极具天赋的图案设计师，在最后时刻帮我完成了任务！我非常确定亚伦是世界上最适合这本书的图案设计师。亚伦不应该因为这本书里的图表而被责备，因为那些壁画式的图案完全都是我的想法。也感谢格雷厄姆·拉姆齐（Graham Ramsay）教了我那么多我本以为自己已经洞悉的足球方面的内容。

　　最后，我想谢谢我的新婚妻子，贝丝（Beth）。她在新婚丈夫熬夜写书期间，好几个星期独守空房。

结语二

当我写《足球智商 I》的时候，主要是出于一些自私的理由——至少有两个理由是自私的。首先，"写或者出版一本书"长期以来一直是我人生中的一个重要目标。我想创造点什么留给后世，而且我想让我的女儿为她的爸爸自豪。其次，我需要一个发泄口。我需要倒出在过去二十年里一直出现的足球运动员犯了一遍又一遍的错误。我想如果我写了这本书给现在的球员，他们犯这些错误的可能性会小一些，那么我看他们打比赛时也会少些郁闷。为了完成我的目标，我花了差不多 750 美元。我想如果我差不多可以赚回本金，那这本书就算是成功的。我从来没想过公众对《足球智商》会有这么大的反响！

老实说，我从来没有关注过这本书在亚马逊网上卖得如何。我只知道它每月大概卖出 20 或 30 本。如果在今天，这样的销量会让约翰·格里沙姆（John Grisham）深受打击的。但是我很高兴居然有人愿意花 10 美元读我写的东西。

后来，在十月份，不同寻常的事发生了。乔伊·马丁博士（Dr. Jay Martin），美国国家足球教练协会足球杂志的编辑，把《足球智商》评为"年度五佳"之一，突然一切都飞起来了。在 11 月 18 号，我决定去查看这本书在亚马逊网上的销售排名，这件事我在本书付印后的 16 个月中只做过两次。当我看到那些数字时，我几乎要昏过去了！我惊呆了，《足球智商》已成为亚马逊网上销量最好的足球类书籍！等等，这是真的吗？

更让人眩晕的是，图书销量位居第二和第三的人是米娅·哈姆（Mia Hamm）和梅西！是的，你一定听说过他们。到底发生了什么？我竟然和传奇人物走在一起！我显然不是传奇人物，但是天呐！不可思议，对吗？

是的，机缘巧合进入这样一家卓越的公司是我的荣幸，但是我感受到的真正的影响来自读者，来自那些发现了书中的价值，并且与我心灵相通、和我分享他们的意见的读者们。他们友好的话语给了我一种成就感，这是我从来没有预料到的。我尤其被那些教练们所感动，他们特别欣赏《足球智商》，以至于给他们的队员每个人都订了一本。希望它对你们同样有帮助！

我收到过很多关于《足球智商》的反馈，但是我最喜欢的反馈来自于一位大学男队的教练，他简单地写道：

"丹，怎样才能以最快的速度买到 30 本你的书？我爱这本书，而且我想让我的队员们读它，越快越好。"

当大学教练们都变得那么感性的时候，难道不是很棒的事吗？

无论如何，感谢阅读！这可能会是《足球智商》系列的最后一卷。我尽力推出了一个产品，希望它无论从哪个角度都能和第一卷一样有价值。如果你要花钱读这些我写的东西，那么我希望自己问心无愧！我希望，在你眼中，我已经达到了我的目标而且你也感觉到你的钱花得值得。

欢迎你们的反馈。只需发邮件到 coach@soccerpoet.com 即可。

请你们登陆网址www.scooerpoet.com来搜索我的博客，并@soccerpoet做我的推特好友。

如果你觉得《足球智商 II》是物有所值的，那么请花 30 秒为我在亚马逊网上做一个五星评价吧，这也许是你能送给作者的最好的礼物。先提前谢谢你！

让你所有的队员都读这本书是个很好的主意，如果你想为你的团队批发本书的平装本，请发邮件到我的邮箱（coach@soccerpoet.com）与我联系。我会给你打折的！

关于作者

　　丹·布兰克担任美国大学足球教练二十多年了，他是唯一一个在东南联盟历史上连续两年执教于不同的大学球队（2009 年的密西西比大学队，2010 年的佐治亚大学队）并获得"联盟最佳防守教练"称号的教练。他持有美国足球协会颁发的 A 级教练证书和美国国家足球教练协会颁发的高级教练证书。你可以登陆网址 www.soccerpoet.com 购买他的书以及搜索他的博客。

丹·布兰克的其他著作

《足球智商 I》（*Soccer iQ I*）——亚马逊销量第一并且被美国国家足球教练协会足球杂志评为"年度五佳"。

《足球智商 II》（*Soccer iQ II*）——自从《足球智商 I》出版以来，很多教练提出了建议，这些建议汇聚起来就是《足球智商 II》。

《那些因为你是女生所以教练不会告诉你的事》（*Everything Your Coach Never Told You Because You're a Girl*，2014 年出版）——这本书里都是教练只说给男生的话，是通过一个故事来讲述的。它展示了一个有竞争力的女性所需要的各种品质。

《快乐的大脚——怎样成为一个足球明星的父母：教练、裁判以及你的孩子想让你知道的一切》（*Happy Feet – How to be a Gold Star Soccer Parent：Everything the Coach, the Ref and Your Kid Want You to Know*）——每一个足球运动员父母都需要阅读的书。

《菜鸟必读——怎样度过大一足球新秀季》（*Rookie – Surviving Your Freshman Year of College Soccer*，2015 年出版）——如果你打算踢大学足球联赛，帮帮你自己吧，读一下这本书。在书里我会尽力帮助你的。

《我的部落——在女足运动员中培养野性》（*In My Tribe – Developing a Culture of Kickass in Female Athletes*）。

《控球——教会你的队伍如何控球》（*Possession – Teaching Your Team to Keep the Darn Ball*），讲解怎样指导和训练来提高控球能力。

《零封对手——不想丢球的防守技巧》（*Shutout Pizza – Soccer Defending for Teams that Hate Conceding Goals*，2015 年出版）——密西西比大学队在 2009 年失球数最少，佐治亚大学队在 2010 年荣获的这个称号。那些球员就是看了这本书以后成为联盟最佳防守球员的。